四部要籍選刊·史部

蔣鵬翔 主編

清金陵書局本

後漢書

五

〔南朝宋〕范曄 撰

〔唐〕李賢等注

浙江大學出版社

本册目録

卷四十六

卷四十七

卷四十八

卷四十九

朱樂何列傳第三十三 朱暉孫穆　後漢書四十三

唐章懷太子賢注

朱暉字文季南陽宛人也東觀記曰其先宋微子之後也以國氏姓周衰諸侯滅宋奔碭易姓爲朱後徙於宛也家世衣冠暉早孤有氣決年十三王莽敗天下亂與外氏家屬從田間奔入宛城東觀記曰暉外祖父孔休以德行稱於代也道遇羣賊白刃劫諸婦女略奪衣物昆弟賓客皆惶迫伏地莫敢動暉拔劒前曰財物皆可取耳諸母衣不可得今日朱暉死日也賊見其小壯其志笑曰童子內刀遂捨之而去初光武與暉父岑俱學長安有舊故及卽位求問岑時已卒乃召暉拜爲郎暉尋以病去卒業於太學性矜嚴進止必以禮諸儒稱其高永平初顯宗舅新陽侯陰就慕暉賢自往候之暉避不見復遣家丞致禮續漢志曰諸侯家丞秩三百石暉遂閉門不受就聞歎曰志士也勿奪其節後爲郡吏太守阮況嘗欲市暉婢暉不從東觀記曰暉爲督郵況當歸女欲買暉婢暉不

敢與後況卒暉送其家金三斤及況卒暉乃厚贈送其家人或譏焉暉曰前阮府君有求於我所㠯不敢聞命誠恐㠯財貨污君今而相送明吾非有愛也驃騎將軍東平王蒼聞而辟之甚禮敬焉正月朔旦蒼當入賀故事少府給璧是時陰就爲府卿貴驕吏傲不奉法蒼坐朝堂漏且盡而求璧不可得顧謂掾屬曰若之何暉望見少府主簿持璧卽往紿之曰紿欺也我數聞璧而未嘗見試請觀之主簿㠯授暉暉顧召令史奉之奉之於蒼主簿大驚遽㠯白就就曰朱掾義士勿復求更㠯它璧朝蒼既罷召暉謂曰屬者掾自視孰與藺相如屬向也與猶如也史記曰藺相如趙人也趙惠文王時得楚和氏璧秦昭王欲以十五城易之趙王使相如奉璧入秦秦王大喜無意償趙城相如乃前曰璧有瑕願指視王相如因持璧卻立倚柱怒髮上衝冠曰臣觀大王無意償趙城邑故臣復取璧大王必欲急臣臣今頭與璧俱碎於柱矣相如持其璧睨柱欲以擊柱秦王恐其璧破乃謝之帝聞壯之及當幸長安欲嚴宿衞故㠯暉爲衞士令再遷臨淮太守暉好節槩有所拔用皆厲行士其諸報怨㠯義犯率皆爲求其理多得生濟其不義之囚

即時僵仆僵偃仆踣也吏人畏愛爲之歌曰彊直自遂南陽朱季吏畏其威人懷其惠東觀記曰建武十六年四方牛大疫臨淮獨不鄰郡人多牽牛入界數年坐法免東觀記曰坐考長吏囚死獄中州奏免官暉剛於爲吏見忌於上所在多被劾自去臨淮屏居野澤布衣蔬食不與邑里通鄉黨譏其介介特也言不與衆同建初中南陽大飢米石千餘暉盡散其家資以分宗里故舊之貧羸者鄉族皆歸焉初暉同縣張堪素有名稱嘗於太學見暉甚重之接以友道乃把暉臂曰欲以妻子託朱生暉以堪先達舉手未敢對自後不復相見堪卒暉聞其妻子貧困乃自往候視厚賑贍之暉少子頡怪而問曰大人不與堪爲友平生未曾相聞子孫竊怪之暉曰堪嘗有知己之言吾以信於心也以堪先託妻子心已許之故言信於心也暉又與同郡陳揖交善揖早卒有遺腹子友暉嘗哀之及司徒桓虞爲南陽太守召暉子駢爲吏暉辭駢而薦友虞歎息遂召之其義烈若此元和中肅宗巡狩告南陽太

守問暉起居召拜爲尚書僕射歲中遷太山太守暉上疏乞留中詔許之因上便宜陳密事深見嘉納詔報曰補公家之闕詩曰袞職有闕仲山甫補之不累淸白之素斯善美之士也俗吏苟合阿意面從進無謇謇之志卻無退思之念易蹇卦艮下坎上艮爲山坎爲水山上有水蹇難之象也六二爻上應於五五爲君位二宜爲臣也居險難之時履當其位不以五在難私身遠害故曰王臣蹇蹇匪躬之故孝經曰退思補過謇與蹇同患之甚久惟今所言適我願也生其勉之是時穀貴縣官經用不足經常也朝廷憂之尚書張林上言穀所以貴由錢賤故也可盡封錢一取布帛爲租以通天下之用又鹽食之急者雖貴人不得不須官可自鬻前書曰因官器作鬻鹽音義曰鬻古煮字又宜因交阯益州上計吏往來市珍寶收采其利武帝時所謂均輸者也武帝作均輸法謂州郡所出租賦并雇運之直官總取之市其土地所出之物官自轉輸於京謂之均輸於是詔諸尚書通議暉奏據林言不可施行事遂寢後陳事者復重述林前議以爲於國誠便帝然之有詔施行暉復獨奏曰王制天子不言有無諸侯不言多少食祿之

家不與百姓爭利今均輸之法與賈販無異鹽利歸官則下人窮怨布帛爲租則吏多姦盜誠非明主所當宜行帝卒以林等言爲然得暉重議因發怒切責諸尚書暉等皆自繫獄三日詔敕出之曰國家樂聞駁議黃髮無愆詔書過耳（黃髮老稱謂朱暉也）何故自繫暉因稱病篤不肯復署議尚書令以下惶怖謂暉曰今臨得譴讓奈何稱病其禍不細暉曰行年八十蒙恩得在機密當以死報若心知不可而順旨雷同負臣子之義今耳目無所聞見伏待死命遂閉口不復言諸尚書不知所爲乃共劾奏暉帝意解寢其事後數日詔使直事郎問暉起居（直事郎謂署郎當次直者）太醫視疾太官賜食暉乃起謝復賜錢十萬布百匹衣十領後遷爲尚書令以老病乞身拜騎都尉賜錢二十萬和帝即位竇憲北征匈奴暉復上疏諫頃之病卒（華嶠書曰暉年五十失妻昆弟欲爲繼室暉歎曰時俗希不以後妻敗家者遂不復娶也）子頡修儒術安帝時至陳相頡子穆

穆字公叔年五歲便有孝稱父母有病輒不飲食差乃復常及壯耽學銳意講誦或時思至不自知亡失衣冠顛隊阬岸其父常㠯爲專愚幾不知數馬足（幾音近衣反前書曰石慶爲太僕上問車中幾馬慶以策數馬畢舉手曰六馬言穆用心專愚更甚也）穆愈更精篤初舉孝廉（謝承書曰穆少有英才學明五經性矜嚴疾惡不交非類年二十爲郡督郵迎新太守見穆曰君年少爲督郵因族埶爲有令德穆答曰郡中瞻望明府如仲尼謂非顏回不敢以迎孔子更問風俗人物太守甚奇之曰僕非仲尼督郵可謂顏回也遂歷職股肱舉孝廉也）順帝末江淮盜賊羣起州郡不能禁或說大將軍梁冀曰朱公叔兼資文武海內奇士若㠯爲謀主賊不足平也冀亦素聞穆名乃辟之使典兵事甚見親任及桓帝卽位順烈太后臨朝穆㠯冀埶地親重望有㠯扶持王室因推災異奏記㠯勸戒冀曰穆伏念明年丁亥之歲刑德合於乾位（歷法太歲在丁壬歲德在北宮太歲在亥卯未歲刑亦在北宮故合於乾位也）易經龍戰之會其文曰龍戰于野其道窮也（易坤卦上六象詞也坤爻居上六故云其道窮也王弼注云陰之爲道卑順不逆乃全其美盛而不已同陽之地陽所不堪故戰于野）謂陽道將勝而陰道負也今年九月天氣鬱冒五位四候連失正氣此互

相明也夫善道屬陽惡道屬陰若修正守陽摧折惡類則福從之矣穆每事不逮所好唯學傳受於師時有可試願將軍少察愚言申納諸儒申重也而親其忠正絕其姑息姑且也息安也小人之道苟且取安也禮記君子之愛人也以德細人之愛人也以姑息專心公朝割除私欲廣求賢能斥遠佞惡夫人君不可不學當以天地順道漸漬其心宜爲皇帝選置師傅及侍講者得小心忠篤敦禮之士將軍與之俱入參勸講授師賢法古此猶倚南山坐平原也誰能傾之今年夏月暈房星明年當有小厄宜急誅姦臣爲天下所怨毒者以塞災咎議郎大夫之位本以式序儒術高行之士今多非其人九卿之中亦有乖其任者惟將軍察焉又薦种暠欒巴等而明年嚴鮪謀立清河王蒜又黃龍二見沛國冀無術學遂以穆龍戰之言爲應於是請暠爲從事中郎薦巴爲議郎舉穆高第爲侍御史續漢書曰穆舉高第拜侍御史桓帝臨辟雍行禮畢公卿出虎賁置弓階上公卿下階皆避弓穆過呼虎賁曰執天子器何故投於地虎賁怖郎攝

弓穆劾奏虎賁抵罪公卿皆慙曰朱御史可謂臨事不惑者也時同郡趙康叔盛者隱於武當山清靜不仕以經傳教授穆時年五十乃奉書稱弟子及康歿喪之如師其尊德重道爲當時所服常感時澆薄慕尚敦篤乃作崇厚論其辭曰

夫俗之薄也有自來矣故仲尼歎曰大道之行也而丘不與焉禮記曰仲尼歎曰大道之行三代之英丘未之逮也而有志焉鄭玄注曰大道謂三皇五帝時也蓋傷之也夫道者以天下爲一在彼猶在己也故行違於道則愧生於心非畏義也事違於理則負結於意非憚禮也故率性而行謂之道率循也子思曰天命之謂性率性之謂道修道之謂教也得其天性謂之德天之所命之謂性不失天性是謂德德性失然後貴仁義道德之性失仁義之迹彰是以仁義起而道德遷遷徙也禮法興而淳樸散故道德以仁義爲薄淳樸以禮法爲賊也老子曰失道而後德失德而後仁失仁而後義失義而後禮夫禮者忠性之薄而亂之首也夫中世之所敦已爲上世之所薄中世謂五帝時況又薄於此乎故夫天不崇大則覆幬不廣地不深厚則載物不博幬亦覆左傳曰如天之無不燾如地之無不載幬與燾同人不敦厖則道數不遠敦厖厚大也左

傳曰人生敦厖數猶理也言人不敦厚不能入道之精理也昔在仲尼不失舊於原壤原壤孔子之舊也禮記曰原壤之母死孔子助之沐椁原壤登木而歌曰貍首之斑然執女手之卷然從者曰子未可以已乎夫子曰親者無失其爲親故者無失其爲故楚嚴不忍章於絕纓說苑曰楚莊王賜羣臣酒日暮燭滅乃有人引美人之衣者美人援絕其冠纓告王趣火來上視絕纓者王曰賜人酒使醉失禮奈何欲顯婦人之節而辱士乎乃命左右曰與寡人飲不絕冠纓者不懽羣臣百餘人皆絕去其冠纓乃上火也由此觀之聖賢之德敦矣老氏之經曰大丈夫處其厚不處其薄居其實不居其華故去彼取此此老子道德經之詞顧歡注曰道德爲厚禮法爲薄淸虛爲實聲色爲華去彼華薄取此厚實夫時有薄而厚施行有失而惠用俗之凋薄以厚御之行之有失以惠待之卽上孔子楚莊是也故覆人之過者敦之道也救人之失者厚之行也迋者馬援深昭此道可以爲德誡其兄子曰吾欲汝曹聞人之過如聞父母之名耳可得聞口不得言斯言要矣遠則聖賢履之上世履踐也言敦厚之道孔子楚莊已踐履之近則邴吉張子孺行之漢廷宣帝時邴吉爲丞相不按吏曰夫以三公府案吏吾竊陋之子孺爲車騎將軍匿名遠權隱人過失故能振英聲於百世播不滅之遺風不亦美哉然而時俗或異風化不敦而尚相誹謗謂之臧否記短則兼折其長貶惡則并伐其

善悠悠者皆是其可稱乎悠悠多也稱舉也凡此之類豈徒乖爲君子之道哉將有危身累家之禍焉悲夫行之者不知憂其然故害興而莫之及也斯既然矣又有異焉人皆見之而不能自遷何則務進者趨前而不顧後榮貴者矜己而不待人智不接愚富不賑貧貞士孤而不恤賢者戹而不存故田蚡以尊顯致安國之金田蚡武帝王皇后同産弟爲太尉親貴用事韓安國爲梁王太傅坐法失官安國以五百金遺蚡蚡爲言太后卽召以爲北地都尉也淳于以貴埶引方進之言翟方進成帝時爲丞相淳于長元后姊子封定陵侯以能謀議爲九卿用事方進獨與長交稱薦之也夫以韓翟之操爲漢之名宰前書曰天子以韓安國爲國器拜御史大夫又曰翟方進智能有餘天子甚重之故言名宰也然猶不能振一貧賢薦一孤士又況其下者乎此禽息史魚所以專名於前而莫繼於後者也韓詩外傳曰禽息秦大夫薦百里奚不見納繆公出當車以頭擊闑腦乃精出曰臣生無補於國不如死也繆公感寤而用百里奚秦以大化禮大夫殯於正室士於適室韓子曰史魚病大夫卒委柩後寢爲君弔而問之曰不能進蘧伯玉退彌子瑕以尸諫也故時敦俗美則小人守正利不能誘也時否俗薄雖君子爲邪義不能止也皆牽於時也何則先進者既往而不反後來者復習

俗而追之是㠯虛華盛而忠信微刻薄稠而純篤稀斯蓋谷風有棄予之歎詩小雅曰習習谷風維風及雨將恐將懼維予與女將安將樂女轉棄予伐木有鳥鳴之悲矣詩小雅曰伐木丁丁鳥鳴嚶嚶出自幽谷遷於喬木嚶其鳴矣求其友聲也嗟乎世士誠躬師孔聖之崇則嘉楚嚴之美行希李老之雅誨思馬援之所尚鄙二宰之失度美韓棱之抗正事具韓棱傳貴丙張之弘裕賤時俗之誹謗則道豐績盛名顯身榮載不刊之德刊削也播不滅之聲然知薄者之不足厚者之有餘也彼與草木俱朽彼謂薄也此與金石相傾此謂厚也老子曰高下之相傾豈得同年而語竝日而談哉又著絕交論亦矯時之作穆集載論其略曰或曰子絕存問不見客亦不答也何故曰古者進退趨業無私遊之交相見以公朝享會以禮紀否則朋徒受習而已曰人將疾子如何曰寧受疾曰受疾可乎曰世之務交遊也久矣敦千乘不忌于君犯禮以追之背公以從之其愈者則孺子之愛也其甚者則求蔽過竊譽以贍其私事替義退公輕私重居勞於聽也或於道而求其私贍矣是故遂往不反而莫敢止焉是川瀆竝決而莫敢之塞游豶蹂稼而莫之禁也詩云威儀棣棣不可選也後生將復何述而吾不才焉能規此實悼無行子道多闕臣事多尤思復白圭重考古言以補往過時無孔堂思兼則滯匪有廢也則亦焉興是以敢受疾也不亦可乎文士傳曰世無絕交又與劉伯宗絕交書及詩曰昔我爲豐令足下不遭母憂乎親解縗經來入豐寺及我爲侍書御史足下親來入臺足下今爲二千石我下爲郎乃反因計吏以謁相與足下豈丞尉之徒我豈足下部民欲以此謁爲榮寵乎咄劉伯宗於仁義道何其薄哉

其詩曰北山有鴟不潔其翼飛不正向寢不定息飢則木攬飽則泥伏饕餮貪汙臭腐是食塡腸滿嗉嗜欲無極長鳴呼鳳謂鳳無德鳳之所趨與子異域永從此訣各自努力益因此而著論也

梁冀驕暴不悛朝野嗟毒穆以故吏懼其釁積招禍復奏記諫曰古之明君必有輔德之臣規諫之官下至器物銘書成敗以防遺失黃帝作巾机之法孔甲有盤盂之誡太公陰謀曰武王衣之銘曰桑蠶苦女工難得新捐故後必寒鏡銘曰以鏡自照者見形容以人自照者見吉凶觴銘曰樂極則悲沈湎致非社稷爲危也故君有正道臣有正路說苑君道篇曰人君之道淸淨無爲務在博愛趨在任賢廣開耳目以察萬方不固溺於流俗不拘繫於左右臣術篇曰人臣之術順從復命無所敢專義不苟合位不苟尊必有益於國必有補於君也從之如升堂違之如赴壑今明將軍地有申伯之尊申國之伯周宣王之元舅位爲羣公之首冀絕席於三公一日行善天下歸仁論語曰一日克己復禮天下歸仁焉終朝爲惡四海傾覆頃者官人俱匱加以水蟲爲害水災及蝗蟲也京師諸官費用增多詔書發調或至十倍各言官無見財皆當出民搒掠割剝彊令充足公賦旣重私斂又深牧守長吏多非德選貪聚無厭遇人如虜或絕命於箠楚之下或自賊於迫切之求賊殺也又掠奪百姓皆託之尊府遂令將軍結怨天下吏人酸毒道路

歎嗟昔秦政煩苛百姓土崩陳勝奮臂一呼天下鼎沸前書淮南王謂伍被曰陳勝吳廣起於大澤奮臂大呼天下響應也而面諛之臣猶言安耳秦胡亥時山東兵大起叔孫通謂胡亥曰鼠竊狗盜郡縣逐捕之不足憂諸生曰何先生言之諛也諱惡不悛卒至亡滅昔永和之末綱紀少弛頗失人望四五歲耳而財空戶散下有離心馬免之徒乘敝而起荆揚之閒幾成大患質帝時九江賊馬免稱黃帝歷陽賊華孟稱黑帝並九江都尉滕撫討斬之九江歷陽是荆揚之閒也幸賴順烈皇后初政清靜內外同力僅乃討定今百姓戚戚困於永和內非仁愛之心可得容忍外非守國之計所宜久安也夫將相大臣均體元首共輿而馳同舟而濟輿傾舟覆患實共之豈可㠯去明即昧履危自安即就也主孤時困而莫之恤乎宜時易宰守非其人者減省第宅園池之費拒絕郡國諸所奉送內㠯自明外解人惑使挾姦之吏無所依託司察之臣得盡耳目憲度既張遠邇清壹則將軍身尊事顯德燿無窮天道明察無言不信惟垂省覽冀不納而縱放日滋遂復

賂遺左右交通宦者任其子弟賓客㠯爲州郡要職穆又奏記極諫冀終不寤報書云如此僕亦無一可邪穆言雖切然亦不甚罪也永興元年河溢漂害人庶數十萬戶百姓荒饉流移道路冀州盜賊尤多故擢穆爲冀州刺史州人有宦者三人爲中常侍竝㠯檄謁穆穆疾之辭不相見冀部令長聞穆濟河解印綬去者四十餘人及到奏劾諸部至有自殺者㠯威略權宜盡誅賊渠帥舉劾權貴或乃死獄中有宦者趙忠喪父歸葬安平（安平郡冀州所部）僭爲璵璠玉匣偶人（玉匣長尺廣二寸半衣死者自腰以下至足連以金縷天子之制也左傳曰陽虎將以璵璠斂杜預注云美玉名君所佩也偶人明器之屬也）穆聞之下郡案驗吏畏其嚴明遂發墓剖棺陳尸出之而收其家屬帝聞大怒徵穆詣廷尉（謝承書曰穆臨當就道冀州從事欲爲畫像置聽事上穆留板書曰勿畫吾形以爲重負忠義之未顯何形像之足紀也）輸作左校（左校署名屬將作掌左工徒）太學書生劉陶等數千人詣闕上書訟穆曰伏見弛刑徒朱穆處公憂國拜州之日志淸姦惡誠㠯常侍貴寵父子

兄弟布在州郡競爲虎狼噬食小人故穆張理天綱補綴漏目羅取殘禍㠯塞天意由是内官咸共恚疾謗讟煩興讒隙仍作極其刑謫輸作左校天下有識皆㠯穆同勤禹稷而被共鯀之戾若死者有知則唐帝怒於崇山重華忿於蒼墓矣尚書曰放驩兜於崇山孔安國注曰崇山南裔也山海經曰有驩頭之國帝堯葬焉郭璞注云驩頭驩兜也禮記曰舜葬蒼梧之野當今中官近習鄭玄注禮記云近習天子所親幸者也竊持國柄周禮以八柄詔王馭羣臣謂爵祿予置生奪廢誅也手握王爵口含天憲運賞則使餓隸富於季孫運行也論語曰季氏富於周公呼噏則令伊顏化爲桀蹠呼噏吐納也伊尹顏回夏桀盗跖也而穆獨亢然不顧身害非惡榮而好辱惡生而好死也徒感王綱之不攝攝持也懼天綱之久失故竭心懷憂爲上深計臣願黥首繫趾黥首謂鑿額涅墨也繫趾謂鈦其足也以鐵著足曰鈦也代穆校作帝覽其奏乃赦之穆居家數年在朝諸公多有相推薦者於是徵拜尚書穆既深疾宦官及在臺閣旦夕共事志欲除之乃上疏曰案漢故事中常侍參選士人建武㠯後乃悉用宦者自

延平㠯來浸溢貴盛假貂璫之飾處常伯之任璫以金爲之當冠前附以金貂也漢官儀曰中常侍秦官也漢興或用士人銀璫左貂光武以後專任宦者右貂金璫常伯侍中天朝政事一更其手權傾海內寵貴無極子弟親戚竝荷榮任故汎濫驕溢莫能禁禦凶狡無行之徒媚㠯求官恃埶怙寵之輩漁食百姓窮破天下空竭小人愚臣㠯爲可悉罷省遵復往初率由舊章更選海內清淳之士明達國體者㠯補其處卽陛下可爲堯舜之君衆僚皆爲稷契之臣兆庶黎萌蒙被聖化矣帝不納後穆因進見口復陳曰臣聞漢家舊典置侍中中常侍各一人省尚書事省視也黃門侍郎一人傳發書奏傳通也皆用姓族引用士人有族望者自和熹太后㠯女主稱制不接公卿乃㠯閹人爲常侍小黃門通命兩宮自此㠯來權傾人主窮困天下宜皆罷遣博選耆儒宿德與參政事帝怒不應穆伏不肯起左右傳出傳聲今出良久乃趨而去自此中官數因事稱詔詆毀之穆素剛不得意居無

幾憤懣發疽疽癰也　延熹六年卒時年六十四祿仕數十年蔬食布衣家無餘財公卿共表穆立節忠清虔恭機密守死善道宜蒙旌寵策詔褒述追贈益州太守所著論策奏教書詩記嘲凡二十篇袁山松書曰穆著論甚美蔡邕嘗至其家自寫之　穆前在冀州所辟用皆清德長者多至公卿州郡子野少有名節仕至河南尹野字子遼見荀爽薦文　初穆父卒穆與諸儒考依古義謚曰貞宣先生謚法曰清白守節曰貞善聞周達曰宣　及穆卒蔡邕復與門人共述其體行謚爲文忠先生袁山松書曰蔡邕議曰魯季文子君子以爲忠而謚曰文子又傳曰忠文之實也忠以爲實文以彰之遂共謚穆荀爽聞而非之故張璠論曰夫謚者上之所贈非下之所造故顔閔至德不聞有謚朱蔡各以衰世臧否不立故私議之

論曰朱穆見比周傷義偏黨毀俗左傳曰頑嚚不友是爲比周杜預注云比近也周密也　志抑朋游之私遂著絶交之論蔡邕已爲穆貞而孤又作正交而廣其志焉邕論略曰聞之前訓曰君子以朋友講習而正人無有淫朋是以古之交者其義敦以正其誓信以固逮夫周德始衰頌聲既寢伐木有鳥鳴之刺谷風有棄予之怨其所由來政之缺也自此以降彌以陵遲或闕其始終或彊其比周或以縉紳患其然而論者諄諄如也疾淺薄而攜貳者有之惡朋黨而絶交游者有之其論交也曰富貴則人爭趣之貧賤則人爭去之是以君子慎人所以交

已審已所以交人富貴則無暴集之客貧賤則無棄舊之賓矣故原其所以來則知其所以去見其所以始則觀其所以終彼貞士者貧賤不待夫富貴富貴不驕乎貧賤故可貴也蓋朋友之道有義則合無義則離善則久要不忘平生之言惡則忠告善誨之否則止無自辱焉故君子不為可棄之行不患人之遺已也信有可歸之德不病人之遠已也不幸或然則躬自厚而薄責於人怨其遠矣求諸已而不求諸人咎其稀矣夫遠怨稀咎之機咸在乎躬莫之能改也子夏之門人問交於子張而二子各有聞乎夫子然則以交誨也商也寬故告之以拒人師也褊故訓之以容衆各從其行而矯之至於仲尼之正教則汎愛衆而親仁故非善不喜非仁不親交游以方會友以文可無貶也穀梁子亦曰心志既通名譽不聞友之罪也今將患其流而塞其源病其末而利其本無乃未若擇其正而黜其邪與其彼農皆黍而獨稷焉夫黍亦神農之嘉穀與稷並為粢盛也使交而可廢則黍其愆矣括二論而言之則刺薄者博而洽斷交者貞而孤孤有羔羊之節與其不獲已而矯時也走將從夫孤焉

蓋孔子稱上交不諂下交不黷（易繫辭之言也）又曰晏平仲善與人交子夏之門人亦問交於子張（見論語）故易明斷金之義（易繫辭曰二人同心其利斷金）詩載讌朋之謠（詩小雅伐木序云讌友朋故舊也其詩曰伐木許許釃酒有藇釃音所宜反藇音序）若夫文會輔仁直諒多聞之友時濟其益（論語曰君子以文會友以友輔仁又曰益者三友友直友諒友多聞益矣）紵衣傾蓋彈冠結綬之夫遂隆其好（左傳曰吳季札以縞帶贈子產子產獻紵衣焉孔叢子曰孔子與程子相遇於塗傾蓋而語傾蓋謂駐車交蓋也前書曰王陽貢禹相與為友朱博與蕭育為友時稱蕭朱結綬王貢彈冠言其趣舍同相薦達）斯固交者之方焉（方道也）至乃田竇衛霍之游客（竇嬰孝文皇后從兄子封魏其侯游士賓客爭歸之武帝時為丞相田蚡武帝王皇后同產弟為太尉蚡以太后故親幸數言事多效士吏趨埶利者皆去嬰而歸蚡衛青拜大將

軍靑姊子霍去病爲驃騎將軍皆爲大司馬去病秩祿與大將軍等自是後靑日衰而去病益貴靑故人門下多去事去病輒得官爵也廉頗翟公之門賓史記曰廉頗趙人封爲信平君假相國長平之免歸也故客盡去及復用爲將客又至廉頗曰客退矣客曰吁君何見之晚也夫以市道交君有勢我卽從君無勢卽去此其理也又何怨焉下邽翟公爲廷尉賓亦塡門及廢門外可設爵羅後復爲廷尉賓客欲往翟公大署其門曰一死一生乃知交情一貧一富乃知交態一貴一賤交情乃見也進由勢合退因衰異又專諸荊卿之感激史記曰專諸堂邑人吳公子光以嫡嗣未得立請專諸刺吳王僚諸曰王僚可殺也母老子弱是其無如我何光乃置酒請王僚酒酣專諸置匕首魚炙之中以刺王僚立死又曰荊軻衛人也燕太子丹質於秦秦王政遇之不善丹怨亡歸與軻交結乃尊爲上卿故謂之荊卿軻入秦刺始皇不遂而死也侯生豫子之投身史記曰侯嬴魏隱士爲大梁夷門監者魏公子無忌請爲上客秦圍邯鄲嬴教公子竊兵符北救趙乃自剄又曰豫讓晉人趙襄子滅智伯讓曰士爲知己者死乃變名姓欲刺襄子襄子令執之遂伏劍而死情爲恩使命緣義輕皆以利害移心懷德成節非夫交照之本末可語失得之原也穆徒以友分少全因絶同志之求黨俠生敝而忘得朋之義易曰西南得朋蔡氏貞孤之言其爲然也古之善交者詳矣漢興稱王陽貢禹陳遵張竦前書曰陳遵字孟公杜陵人也張竦字伯松竦博學通達以廉儉自守而遵放縱不拘操行雖異然相親友也中世有廉范慶鴻陳重雷義云

樂恢字伯奇京兆長陵人也父親爲縣吏得罪於令收將殺之恢

年十一常俯伏寺門晝夜號泣令聞而矜之即解出親恢長好經學事博士焦永永爲河東太守恢隨之官閉廬精誦不交人物後永以事被考諸弟子皆以通關被繫爲交通關涉也恢獨曒然不汚於法曒明也音公烏反或從白作皎音亦同遂篤志爲名儒性廉直介立介特也行不合己者雖貴不與交信陽侯陰就數致禮請恢恢絶不荅後仕本郡吏太守坐法誅東觀記京兆尹張恂召恢署戶曹史故人莫敢往恢獨奔喪行服坐以抵罪歸復爲功曹選舉不阿請託無所容同郡楊政數衆毀恢後舉政子爲孝廉由是鄉里歸之辟司空牟融府會蜀郡太守第五倫代融爲司空恢以與倫同郡不肯留薦潁川杜安而退諸公多其行連辟之遂皆不應華嶠書曰安擢爲宛令以病去章帝行過潁川安上書召拜御史遷至巴郡太守而恢在家安與恢書通問恢告吏曰謝且讓之曰爲宛令不合志病去可也干人主以闚覦非也違平生操故不報安亦節士也年十三入太學號奇童洛陽令周紆自往候安安謝不見京師貴戚慕其行或遺之書安不發悉壁藏之及後捕按貴戚賓客安開壁出書印封如故後徵拜議郎會車騎將軍竇憲出征匈奴恢數上書諫爭朝廷稱其忠

（東觀記載恢上書諫曰春秋之義王者不理夷狄得其地不可墾發得其人無益於政故明王之於夷狄羈縻而已孔子曰遠人不服則修文德以來之以漢之盛不務修舜禹周公之德而無故興干戈動兵革以求無用之物臣誠惑之）入爲尚書僕射是時河南尹王調洛陽令李阜與竇憲厚善縱舍自由恢劾奏調阜并及司隸校尉諸所刺舉無所回避貴戚惡之（決錄注曰調字叔和爲河南尹永和二年坐買洛陽令同郡任稜竹田及上雒城東漕渠免官）憲弟夏陽侯瓌欲往候恢恢謝不與通憲兄弟放縱而忿其不附己妻每諫恢曰昔人有容身避害何必以言取怨恢歎曰吾何忍素餐立人之朝乎遂上疏諫曰臣聞百王之失皆由權移於下大臣持國常以埶盛爲咎伏念先帝聖德未永早棄萬國陛下富於春秋纂承大業（春秋謂年也言年少春秋尚多故稱富）諸舅不宜幹正王室以示天下之私經曰天地乖互衆物夭傷君臣失序萬人受殃政失不救其極不測方今之宜上以義自割下以謙自引四舅可長保爵土之榮（四舅謂竇憲弟篤景瓌也）皇太后永無慙負宗廟之憂誠策之上者也書奏不省時竇太后臨朝和帝未親

萬機恢以意不得行乃稱疾乞骸骨詔賜錢太醫視疾恢薦任城郭均成陽高鳳而遂稱篤拜騎都尉上書辭謝曰仍受厚恩無以報效夫政在大夫孔子所疾論語孔子曰天下有道政不在大夫世卿持權春秋以戒左傳曰齊崔氏出奔衛公羊傳曰崔氏者何齊大夫稱崔氏者何貶曷爲貶譏世卿也聖人懇惻不虛言也近世外戚富貴必有驕溢之敗今陛下思慕山陵未遑政事諸舅寵盛權行四方若不能自損誅罰必加臣壽命垂盡臨死竭愚惟蒙留神詔聽上印綬乃歸鄉里竇憲因是風厲州郡迫脅恢遂飲藥死弟子縗絰輓者數百人輓引柩也庶衆痛傷之後竇氏誅帝始親事恢門生何融等上書陳恢忠節除子己爲郎中三輔決錄注曰己字伯文爲郎非其好也去官

何敞字文高扶風平陵人也其先家于汝陰六世祖比干學尚書於鼂錯何氏家傳六世祖父比干字少卿經明行修兼通法律爲汝陰縣獄吏決曹掾平活數千人後爲丹陽都尉獄無冤囚淮汝號曰何公征和三年三月辛亥天大陰雨比干在家日中夢貴客車騎滿門覺以語妻語未已而門有老嫗可八十餘頭白求寄避雨雨甚而衣履不霑漬雨止送出門乃謂比干曰公有陰德今天錫君策以廣公之子孫因出懷中符策狀

如簡長九寸凡九百九十枚以授比干子孫佩印綬者當如此算比干年五十八有六男又生三子本始元年自汝陰徙平陵代爲名族武帝時爲廷尉正與張湯同時湯持法深而比干務仁恕數與湯爭雖不能盡得然所濟活者以千數後遷丹陽都尉因徙居平陵敞父寵建武中爲千乘都尉以病免遂隱居不仕敞性公正自以趣舍不合時務每請召常稱疾不應元和中辟太尉宋由府由待以殊禮敞論議高常引大體多所匡正司徒袁安亦深敬重之是時京師及四方累有奇異鳥獸草木言事者以爲祥瑞敞通經傳能爲天官意甚惡之乃言於二公曰夫瑞應依德而至災異緣政而生故鸜鵒來巢昭公有乾侯之厄春秋有鸜鵒來巢左傳魯大夫師己曰文武之世童謠有之曰鸜鵒之羽公在外野往饋之馬鸜鵒跦跦公在乾侯季平子逐昭公公孫於乾侯杜預注乾侯在魏郡斥丘縣晉境內邑西狩獲麟孔子有兩楹之殯公羊傳西狩獲麟有以告孔子者曰有麕而角者何孔子曰孰爲來哉孰爲來哉反袂拭面涕下沾袍曰吾道窮矣何氏注麟者太平之符聖人之類時得麟而死此亦天告夫子將沒之徵也禮記孔子謂子貢曰予疇昔夜夢坐奠於兩楹之閒焉殷人殯於兩楹之閒以卽殷人也予殆將死也遂寢疾七日而死海鳥避風臧文祀之君子譏焉國語曰海鳥爰居止於魯東門之外三日臧文

仲使國人祭之展禽譏焉因曰今茲海其有風乎廣川之鳥恆知避風是歲海多大風冬暖文仲聞之曰吾過矣今異鳥翔於殿屋怪草生於庭際不可不察由安懼然不敢荅（懼音紀俱反）居無何而肅宗崩時竇氏專政外戚奢侈賞賜過制倉帑為虛（帑音立朗反）敞奏記由曰敞聞事君之義進思盡忠退思補過歷觀世主時臣無不各欲為化垂之無窮然而平和之政萬無一者蓋以聖主賢臣不能相遭故也今國家秉聰明之弘道明公履晏晏之純德（晏晏溫和也）君臣相合天下翕然治平之化有望於今孔子曰如有用我者三年有成今明公視事出入再朞宜當克己以酬四海之心禮一穀不升則損服徹膳（禮記曰歲凶年穀不登君膳不祭肺損服減損服御）天下不足若己使然而比年水旱人不收穫涼州緣邊家被凶害（時西羌犯邊為害也）男子疲於戰陳妻女勞於轉運老幼孤寡歎息相依又中州內郡公私屈竭此實損膳節用之時國恩覆載賞賚過度但聞臘賜自郎官以上公卿王侯以下至於空竭帑

藏損耗國資，尋公家之用皆百姓之力。明君賜賚宜有品制，忠臣受賞亦應有度。臘賜大將軍三公錢各二十萬，牛肉二百斤，粳米二百斛，特進侯十五萬，卿十萬，校尉五萬，尚書三萬，侍中將大夫各二萬，千石六百石各七千，虎賁羽林郎二人共三千，以爲祀門戶直，見漢官儀也。是以夏禹玄圭，周公束帛。尚書曰：召公出取幣，入錫周公。今明公位尊任重，責深負大，上當匡正綱紀，下當濟安元元，豈但空空無違而已哉！宜先正己以率羣下，還所得賜，因陳得失，奏王侯就國，除苑囿之禁，節省浮費，賑卹窮孤，則恩澤下暢，黎庶悅豫，上天聰明，必有立應。使百姓歌誦，史官紀德，豈但子文逃祿，國語：昔楚鬬子文三登令尹，無一日之積。成王聞子文朝不及夕也，於是乎每朝設脯七束，糗一筐，以羞子文。成王每出子文之祿，必逃，王止而後復。人謂子文曰：「人生求富，子逃之，何也？」對曰：「從政者以庇人也。人多曠者，而我取富焉，是勤人以自封也，死無日矣。我逃死，非逃富也。」公儀退食之比哉！史記：公儀休相魯，食茹而美，拔園葵而棄之；見布好而逐出其家婦，燔其機。云欲令農士女工安得售其貨乎。比音庇。由不能用。時齊殤王子都鄉侯暢奔弔國憂，上書未報，時章帝崩也。殤王名石，齊武王縯之孫也。侍中竇憲遂令人刺殺暢於城門屯衞之中，暢得幸竇太后，故刺殺之。而主名不立。敞又說由曰：「劉暢宗室肺腑，茅土藩臣，來弔大憂，上書

後漢四十三　十三

須報（須待也）親在武衛致此殘酷奉憲之吏莫適討捕（適音的謂無指的討捕也）蹤迹不顯主名不立敞備數股肱職典賊曹（股肱謂手臂也公府有賊曹主知盜賊也）故欲親至發所以糾其變而二府以爲故事三公不與盜賊（敞在太尉府二府謂司徒司空邴吉爲丞相不按事遂爲故事見馬防傳也）昔陳平生於征戰之世猶知宰相之分云外鎮四夷內撫諸侯使卿大夫各得其宜（陳平爲左丞相對文帝曰宰相者佐天子理陰陽順四時下育萬物之宜外鎮撫四夷諸侯內親附百姓使卿大夫各得任其職焉）今二府執事不深惟大義惑於所聞公縱姦慝莫以爲咎惟明公運獨見之明昭然勿疑敞不勝所見請獨奏案由乃許焉二府聞敞行皆遣主者隨之（主者謂主知盜賊之曹也）於是推舉具得事實京師稱其正以高第拜侍御史時遂以竇憲爲車騎將軍大發軍擊匈奴而詔使者爲憲弟篤景並起邸第興造勞役百姓愁苦敞上疏諫曰臣聞匈奴之爲桀逆久矣平城之圍嫚書之恥（匈奴冒頓以精兵三十萬騎圍高帝于白登七日按白登在平城東南十餘里高后時冒頓遺高后書曰陛下獨立孤僨獨居兩主不樂無以自娛願以所有易其所無孤僨冒頓自謂）此二辱者臣子所爲捐

軀而必死高祖呂后忍怒還忿舍而不誅伏惟皇太后秉文母之操（文母文王之妻大姒也詩曰既有烈考亦有文母）陛下履晏晏之姿匈奴無逆節之罪漢朝無可慙之恥而盛春東作（歲起於東人始就耕故曰東作）興動大役元元怨恨咸懷不悅而猥復爲衞尉篤奉車都尉景繕修館第彌街絕里臣雖斗筲之人（鄭玄注論語筲竹器容斗二升）誠竊懷怪以爲篤景親近貴臣當爲百僚表儀今衆軍在道朝廷焦脣百姓愁苦縣官無用而遽起大第崇飾玩好非所以垂令德示無窮也宜且罷工匠專憂北邊恤人之困書奏不省後拜爲尚書復上封事曰夫忠臣憂世犯主嚴顏譏刺貴臣至以殺身滅家而猶爲之者何邪君臣義重有不得已也臣伏見往事國之危亂家之將凶皆有所由較然易知（較明也）昔鄭武姜之幸叔段（左傳鄭武姜愛少子叔段莊公立武姜請以京封叔段謂之京城太叔後武姜引以襲鄭）衞莊公之寵州吁（左傳衞莊公寵庶子州吁州吁好兵公不禁大夫石碏諫曰臣聞愛子敎之以義方弗納於邪莊公不從及卒適子桓公立州吁乃殺桓公而篡其位）愛而不敎終至凶戾由是

觀之愛子若此猶飢而食之㠯毒適所㠯害之也史記蘇秦曰飢人之所以飢而不食烏喙者爲其愈充腹而與餓死同患也伏見大將軍竇憲始遭大憂公卿比奏欲令典幹國事比頻也幹主也憲深執謙退固辭盛位懇懇勤勤言之深至天下聞之莫不悅喜今踰年無幾大禮未終卒然中改兄弟專朝憲秉三軍之重篤景總宮衞之權而虐用百姓奢侈僭偪誅戮無罪肆心自快今者論議凶凶咸謂叔段州吁復生於漢臣觀公卿懷持兩端不肯極言者㠯爲憲等若有匪懈之志則已受吉甫褒申伯之命申伯周宣王元舅也有令德故尹吉甫作頌以美之其詩曰維嶽降神生甫及申申伯之德柔惠且直揉此萬邦聞于四國如憲等陷於辠辜則自取陳平周勃順呂后之權呂后欲封呂祿呂產爲王王陵諫不許陳平周勃順旨而封之呂后崩平勃合謀卒誅產祿也終不㠯憲等吉凶爲憂也臣敞區區誠欲計策兩安絕其緜緜塞其涓涓周金人銘曰涓涓不壅終爲江河緜緜不絕或成網羅也上不欲令皇太后損文母之號陛下有誓泉之譏左傳鄭武姜引太叔段襲莊公莊公寘姜氏於城潁誓之曰不及黃泉無相見也下使憲等得長保其福祐然臧獲之謀

上安主父下存主母猶不免於嚴怒方言臧獲奴婢賤稱也史記曰蘇秦謂燕王曰客有遠爲吏其妻私人其夫將來私者憂之妻曰勿憂吾已爲作藥酒待之矣居三日其夫果至妻使妾舉藥酒而進之妾欲言酒之藥乎則恐逐其主母也欲勿言耶則恐殺其主父於是佯僵而棄酒主父怒笞之故妾僵而覆酒上存主父下存主母然終不免於笞臣伏惟累祖蒙恩至臣八世東觀記曰何修生成爲漢膠東相成生果爲太中大夫果生比干爲丹陽都尉比干生壽蜀郡太守壽生顯京輔都尉顯生鄢光祿大夫鄢生寵濟南都尉寵生敞八世也復以愚陋旬年之閒歷顯位備機近每念厚德忽然忘生雖知言必夷滅而冒死自盡者誠不忍目見其禍而懷默苟全駙馬都尉瓌雖在弱冠有不隱之忠比請退身願抑家權可與參謀聽順其意誠宗廟至計竇氏之福敞數切諫言諸竇罪過憲等深怨之時濟南王康尊貴驕甚康光武少子也憲乃白出敞爲濟南太傅敞至國輔康以道義數引法度諫正之康敬禮焉歲餘遷汝南太守敞疾文俗吏以苛刻求當時名譽故在職以寬和爲政立春日常召督郵還府督郵主司察愆過立春陽氣發生故召歸分遣儒術大吏按行屬縣顯孝悌有義行者及舉冤獄以春秋義斷之是以郡中

無怨聲百姓化其恩禮其出居者皆歸養其父母追行喪服（出居謂與父母別居者其親先亡者自恨喪禮不足追行喪制也）推財相讓者二百許人（東觀記曰高譚等百八十五人推財相讓）置立禮官不任文吏又修理鮦陽舊渠百姓賴其利（鮦陽縣屬汝南郡故城在今豫州新蔡縣北水經注云葛陂東出爲鮦水俗謂之三丈陂）墾田增三萬餘頃吏人共刻石頌敞功德及竇氏敗有司奏敞子與夏陽侯瓌厚善坐免官永元十二年復徵三遷五官中郎將常忿疾中常侍蔡倫倫深憾之元興元年敞以祠廟嚴肅微疾不齋後鄧皇后上太傅禹冢敞起隨百官會倫因奏敞詐病坐抵罪卒於家

論曰永元之際天子幼弱太后臨朝竇氏憑盛戚之權將有呂霍之變（呂祿呂產也霍光之子禹）幸漢德未衰大臣方忠袁任二公正色立朝（袁安任隗也）樂何之徒抗議柱下（漢官儀曰侍御史周官也爲柱下史冠法冠按禮圖注云法冠執法者服之樂恢爲司隸何敞爲御史並彈射糾察之官也）故能挾幼主斷勦姦回之偪（勦絕也）不然國家危矣夫竇氏之閒唯何敞可

吕免而特吕子失交之故廢黜不顯大位惜乎過矣哉

贊曰朱生受寄誠不愆義公叔辟梁允納明刺絶交面朋崇厚浮僞揚雄法言曰朋而不心面朋也友而不心面友也浮僞者勸之以崇厚也恢舉謗己敞非祥瑞永言國偪甘心彊諫諫佞諂也竇憲兄弟驕僭上偪敞諫冒死切諫是甘心於彊諫之人也

朱樂何列傳第三十

後漢書四十三

鄧張徐張胡列傳第三十四　後漢書四十四

唐章懷太子賢注

鄧彪字智伯南陽新野人續漢書曰其先楚人鄧況始居新野子孫以農桑爲業太傅禹之宗也父邯中興初以功封鄳侯鄳音莫庚反仕至渤海太守彪少勵志修孝行父卒讓國與異母弟荆鳳本或無荆顯宗高其節下詔許焉後仕州郡辟公府東觀記曰彪與同郡宗武伯翟敬伯陳綏伯張弟伯同志好齊名南陽號曰五伯五遷桂陽太守永平十七年徵入爲太僕數年喪後母辭疾乞身詔以光祿大夫行服服竟拜奉車都尉遷大司農數月代鮑昱爲太尉彪在位淸白爲百僚式視事四年以疾乞骸骨元和元年賜策罷贈錢三十萬在所以二千石奉終其身又詔太常四時致宗廟之胙胙祭廟肉也禮凡頒祭異姓則歸之胙同姓則留之宴彪不預祭而賜胙重之河南尹遣丞存問常以八月旦奉羊酒東觀記曰賜羊一頭酒二石也和帝即位以彪爲太傅錄尚書事賜爵關內侯永元初竇氏專權驕縱朝廷多有

諫爭而彪在位修身而已不能有所匡正又嘗奏免御史中丞周紆紆前失竇氏旨故頗以此致譏然當時宗其禮讓及竇氏誅以老病上還樞機職詔賜養牛酒而許焉五年春薨于位天子親臨弔臨

張禹字伯達趙國襄國人也祖父況族姊為皇祖考夫人[皇祖考鉅鹿都尉回]數往來南頓見光武光武為大司馬過邯鄲況為郡吏謁見光武光武大喜曰乃今得我大舅乎因與俱北到高邑以為元氏令遷涿郡太守後為常山關長會赤眉攻關城況戰歿[關縣屬常山郡今定州行唐縣西北有故關邑城東觀記曰況遷涿郡太守時年八十不任兵馬上疏乞身詔許之後詔問起居何如子歆對曰如故詔曰家人居不足贍且以一縣自養復以況為常山關長會赤眉攻關城況出戰死上甚哀之]父歆初以報仇逃亡[東觀記曰歆守皋長有報父仇賊自出歆召囚詣閤曰欲自受其辭既入解械飲食便發遣遂棄官亡命逢赦出由是鄉里服其高義與此不同]後仕為淮陽相終於汲令[東觀記曰歆為相時王新歸國賓客放縱干亂法禁歆將令尉入宮搜捕王白上歆坐左遷為汲令卒官]禹性篤厚節儉[東觀記曰禹好學習歐陽尚書事太常桓榮惡衣食]父卒汲吏人賻送前後數百

萬悉無所受，又以田宅推與伯父，身自寄止。永平八年，舉孝廉，稍遷。建初中，拜揚州刺史。當過江行部，中土民皆以江有子胥之神，難於濟涉。酈元水經注曰：吳王賜子胥死，浮尸于江，夫差悔，與羣臣臨江設祭，修塘道及壇，吳人因爲立廟而祭焉。禹將度，吏固請不聽。禹厲言曰：「子胥如有靈，知吾志在理察枉訟，豈危我哉？」遂鼓楫而過。歷行郡邑，深幽之處莫不畢到，親錄囚徒，多所明舉。吏民希見使者，民懷喜悅，怨德美惡，莫不自歸焉。元和二年，轉兗州刺史，亦有清平稱。三年，遷下邳相。徐縣北界有蒲陽坡，東觀記曰：坡水廣二十里，徑且百里，在道西，其東有田可萬頃。坡與陂同。傍多良田，而堙廢莫修。禹爲開水門，通引灌溉，遂成孰田數百頃。勸率吏民，假與種糧，親自勉勞，遂大收穀實。鄰郡貧者歸之千餘戶，室廬相屬，其居成市，後歲至墾千餘頃，民用溫給。東觀記曰：禹巡行守舍，止大樹下，食糒音備。糗也。乾飯屑。飲水而已。後年，鄰國貧人來歸之者，茅屋草廬千餘戶，屠酤成市，墾田千餘頃，得穀百萬餘斛。功曹吏戴閏，故太尉掾也，權動郡內。有小譴，禹令自致徐獄，然後正其法。徐，縣名也。東觀記曰：閏當從行縣從書佐假車馬什物禹聞知令直符責問閏具以實對禹以宰士惶恐首實令自致徐獄也自長吏㠯下莫不震肅永元六年入爲大司農拜太尉和帝甚禮之十五年南巡祠園廟禹㠯太尉兼衛尉留守東觀記曰禹留守北宮太官朝夕送食賜關登具物除子男盛爲郎也聞車駕當進幸江陵㠯爲不宜冒險遠驛馬上諫詔報曰祠謁既訖當南禮大江會得君奏臨漢回輿而旋及行還禹特蒙賞賜延平元年遷爲太傅錄尚書事鄧太后㠯殤帝初育育生也欲令重臣居禁內乃詔禹舍宮中給帷帳牀褥太官朝夕進食五日一歸府每朝見特贊與三公絕席禹上言方諒闇密靜之時不宜依常有事於苑囿鄭玄注論語曰諒闇謂凶廬也尚書曰帝乃徂落四海遏密八音其廣成上林空地宜且㠯假貧民太后從之及安帝卽位數上疾乞身詔遣小黃門問疾賜牛一頭酒十斛勸令就第其錢布刀劒衣物前後累至永初元年㠯定策功封安鄉侯食邑千二百戶與太尉徐防司空尹勤同日俱封其秋㠯寇賊雨水策免防勤而

禹不自安上書乞骸骨更拜太尉四年新野君病（鄧太后母陰氏）皇太后車駕幸其第禹與司徒夏勤司空張敏俱上表言新野君不安車駕連日宿止臣等誠竊惶懼臣聞王者動設先置止則交戟淸道而後行淸室而後御（前書曰舊典天子行幸所至必遣靜室令先按行淸靜殿中以虞非常）離宮不宿所以重宿衛也陛下體烝烝之至孝親省方藥恩情發中久處單外百官露止議者所不安宜且還宮上爲宗廟社稷下爲萬國子民比三上固爭乃還宮後連歲災荒府藏虛空禹上疏求入三歲租稅以助郡國稟假（稟給也假貸也）詔許之五年以陰陽不和策免七年卒于家使者弔祭除小子曜爲郎中長子盛嗣

徐防字謁卿沛國銍人也（銍故城今亳州臨渙縣也）祖父宣爲講學大夫以易教授王莽（王莽置六經祭酒各一人秩上卿長安國由爲講易祭酒宣爲講學大夫蓋當屬於祭酒也）父憲亦傳宣業防少習父祖學永平中舉孝廉除爲郎防體貌矜嚴占對可觀顯宗異之特補

尚書郎職典樞機周密畏慎奉事二帝未嘗有過和帝時稍遷司隸校尉出爲魏郡太守永元十年遷少府大司農防勤曉政事所在有迹十四年拜司空防㠯五經久遠聖意難明宜爲章句㠯悟後學上疏曰臣聞詩書禮樂定自孔子發明章句始於子夏史記孔子沒子夏居西河教弟子三百人爲魏文侯師其後諸家分析各有異說前書仲尼沒而微言絕七十子喪而大義乖故春秋爲五詩分爲四易有數家之傳漢承亂秦經典廢絕本文略存或無章句收拾缺遺建立明經博徵儒術開置太學武帝時開學官置博士弟子員也孔聖既遠微旨將絕故立博士十有四家漢官儀曰光武中興恢弘稽古易有施孟梁丘賀京房書有歐陽和伯夏侯勝建詩有申公轅固韓嬰春秋有嚴彭祖顏安樂禮有戴德戴聖凡十四博士太常差選有聰明威重一人爲祭酒總領綱紀也設甲乙之科前書曰歲課甲科四十人爲郎中乙科二十人爲太子舍人丙科四十人補文學掌故㠯勉勸學者所㠯示人好惡改敝就善者也伏見太學試博士弟子皆㠯意說不修家法諸經爲業各自名家私相容隱開生姦路每有策試輒興諍訟論議紛錯互相是非孔子稱述而不作但述先聖之言不自制作又曰吾猶及史之闕

文（古者史官於書事有不知則闕以待能者孔子言吾少時猶及見古史官之闕文今則無之疾時多穿鑿也見論語文）疾史有所不知而不肯闕也今不依章句妄生穿鑿以遵師爲非義意說爲得理輕侮道術寖以成俗誠非詔書實選本意改薄從忠三代常道（太史公曰夏之政忠忠之敝小人以野故殷人承之以敬敬之敝小人以鬼故周人承之以文文之敝小人以僿故救僿莫若以忠三王之道若循環周而復始僿音西志反史記僿或作薄）專精務本儒學所先臣以爲博士及甲乙策試宜從其家章句開五十難以試之解釋多者爲上第引文明者爲高說若不依先師義有相伐（伐謂自相攻伐也）皆正以爲非五經各取上第六人論語不宜射策雖所失或久差可矯革（東觀記防上疏曰試論語本文章句但通度勿以射策冀令學者務本有所一心專精師門思核經意事得其實道得其眞於此弘廣經術尊重聖業有益於化雖從來久六經衰微學問寖淺誠宜反本改矯其失）詔書下公卿皆從防言十六年拜爲司徒延平元年遷太尉與太傅張禹參錄尚書事數受賞賜甚見優寵安帝卽位以定策封龍鄉侯食邑千一百戶其年以災異寇賊策免就國凡三公以災異策免始自防也（東觀記曰郡國被水災比州湮沒死者以千數災異數降西羌反叛殺略人吏京師淫雨蝝賊）

傷稼穡防比上書自陳過咎遂策免 防卒子衡當嗣讓封於其弟崇數歲不得已乃出就爵云

張敏字伯達河間鄚人也 鄚今瀛州縣也音莫 建初二年舉孝廉四遷五年爲尚書建初中有人侮辱人父者而其子殺之肅宗貰其死刑而降宥之 貰寬也音示夜反 自後因以爲比是時遂定其議以爲輕侮法敏駮議曰夫輕侮之法先帝一切之恩不有成科班之律令也夫死生之決宜從上下猶天之四時有生有殺若開相容恕著爲定法者則是故設姦萌生長罪隙孔子曰民可使由之不可使知之 由從也言設政教可但使人從之若知其本末愚者或輕而不行事見論語 春秋之義子不報讎非子也 公羊傳曰父不受誅子復讎可也注云不受誅罪不當誅也 而法令不爲之減者以相殺之路不可開故也今託義者得減妄殺者有差使執憲之吏得設巧詐非所以導在醜不爭之義 導敎也醜類也 又輕侮之比寖以繁滋至有四五百科轉相顧望彌復增甚難

以垂之萬載。臣聞師言救文莫如質，故高帝去煩苛之法，爲三章之約。建初詔書，有改於古者，可下三公、廷尉蠲除其敝。議寖不省。

敏復上疏曰：臣敏蒙恩，特見拔擢，愚心所不曉，迷意所不解，誠不敢苟隨衆議。臣伏見孔子垂經典，皐陶造法律，（史游急就篇曰：皐陶造獄法律存也。）原其本意，皆欲禁民爲非也。未曉輕侮之法將以何禁？必不能使不相輕侮，而更開相殺之路，執憲之吏復容其姦枉。議者或曰：平法當先論生。臣愚以爲天地之性，唯人爲貴，殺人者死，三代通制。今欲趣生，反開殺路，一人不死，天下受敝。記曰：利一害百，人去城郭。夫春生秋殺，天道之常。春一物枯即爲災，（禮記月令曰：孟春行夏令，則風雨不時，草木早落也。）秋一物華即爲異。（月令曰：仲秋行春令，則秋雨不降，草木生榮，國乃有恐也。）王者承天地，順四時，法聖人，從經律。願陛下留意下民，考尋利害，廣令平議，天下幸甚。和帝從之。九年，拜司隸校尉，視事二歲，遷汝南太守。清約不煩，用刑平正，有理能名坐事免延平元年拜議郎再遷潁川太守徵拜司空在位奉法而已視事三歲以病乞身不聽六年春行大射禮陪位頓仆乃策罷之東觀記載策曰今君所苦未瘳有司奏君年體衰羸郊廟禮儀仍有曠廢鼎足之任不可以缺重以職事留君其上司空印綬因病篤卒於家

胡廣字伯始南郡華容人也華容縣故城在今荊州東六世祖剛清高有志節平帝時大司農馬宮辟之值王莽居攝剛解其衣冠懸府門而去遂亡命交阯隱於屠肆之間後莽敗乃歸鄉里父貢交阯都尉廣少孤貧親執家苦襄陽耆舊記廣父名寵寵妻生廣早卒寵更娶江陵黃氏生康字仲始長大隨輩入郡爲散吏太守法雄之子眞從家來省其父眞頗知人會歲終應舉雄敕眞助其求才雄因大會諸吏眞自於牖間密占察之乃指廣以白雄遂舉孝廉既到京師試以章奏安帝以廣爲天下第一謝承書曰廣有雅才學究五經古今術藝皆畢覽之年二十七舉孝廉續漢書曰故事孝廉高第三公及尚書輒優之特勞來其舉將於是公府下詔書勞來雄焉及拜郎格勤職事所掌辦護也旬月拜尚書郎五遷尚書僕射順帝欲立皇后而貴人有寵者四人莫知所建

議欲探籌㠯神定選廣與尚書郭虔史敞上疏諫曰竊見詔書㠯立后事大謙不自專欲假之籌策決疑靈神篇籍所記祖宗典故未嘗有也恃神任筮既不必當賢就値其人猶非德選夫岐嶷形於自然詩云克岐克嶷鄭玄注云岐岐然意有所知也其貌嶷然有所識別也俔天必有異表俔音苦見反說文曰俔譬諭也詩云文王嘉止俔天之妹文王聞大姒之賢則美之言大邦有子女譬天之有女弟故求爲之配焉宜參良家簡求有德德同㠯年年均㠯貌稽之典經斷之聖慮左傳曰昔先王之命曰王后無嫡則擇立長年鈞㠯德德鈞以卜也政令猶汗往而不反易曰渙汗其大號王居無咎劉向曰汗出而不反者也詔文一下形之四方形見也臣職在拾遺憂深責重是㠯焦心冒昧陳聞帝從之㠯梁貴人良家子定立爲皇后時尚書令左雄議改察舉之制限年四十㠯上儒者試經學文吏試章奏廣復與敞虔上書駮之曰臣聞君㠯兼覽博照爲德卽明四目達四聰也臣㠯獻可替否爲忠左傳曰齊晏子曰君所謂可而有否焉臣獻其否以成其可君所謂否而有可焉臣獻其可以去其否書載稽疑謀及卿士稽考也考正疑事謀及卿士見尚書詩美先人詢於芻蕘詩大雅曰先人有言詢於芻蕘注云詢謀也芻蕘薪

采者也言有疑事嘗與新采者謀之也國有大政必議之於前訓諮之於故老叔向曰國有大事必順於典刑訪於耉老而後行之是以慮無失策舉無過事竊見尚書令左雄議郡舉孝廉皆限年四十以上諸生試章句文吏試牋奏周成雜字曰牋表也漢雜事曰凡羣臣之書通於天子者四品一曰章二曰奏三曰表四曰駮議章者需頭稱稽首上以聞謝恩陳事詣闕通者也奏者亦需頭其京師官但言稽首言下稽首以聞其中有所請若罪法劾案公府送御史臺卿校送謁者臺也表者不需頭上言臣某言下言誠惶誠恐頓首頓首死罪死罪左方下附曰某官臣甲乙上明詔既許復令臣等得與相參竊惟王命之重載在篇典禮記曰動則左史書之言則右史書之尚書曰王言惟作命弗言臣下罔由稟令又曰令出惟行不惟反當令縣於日月固於金石遺則百王施之萬世詩云天難諶斯不易惟王可不慎與詩大雅也諶信也斯語詞天之意難信矣不可改易者天子也蓋選舉因才無拘定制六奇之策不出經學前書陳平設六奇策以佐高祖鄭阿之政非必章奏說苑曰子產相鄭內無國中之亂外無諸侯之患也子產從政也擇能而使之晏子化東阿三年景公召而數之晏子請改道易行明年上計景公迎而賀之晏子對曰臣前之化東阿也屬託不行貨賂不至君反以罪臣今則反是而更蒙賀景公下席而謝甘奇顯用年乖彊仕史記曰秦欲與燕共伐趙以廣河間之地甘羅年十二使於趙說趙王立割五城以廣河間秦乃封羅為上卿說苑曰子奇年十八齊君使主東阿大化禮記曰四十彊而仕終賈揚聲亦在弱冠前書終軍年十八為博士弟子自請願以長纓必羈南越王而致之闕下上奇其對擢為諫議大夫往說越越

聽命天子大悅賈誼年十八以誦詩屬文稱於郡中文帝召爲博士 漢承周秦兼覽殷夏祖德師經參雜霸軌 宣帝曰漢家自有制度本以霸王道雜理之 聖主賢臣世以致理貢舉之制莫或回革今以一臣之言剗戾舊章 剗削也戾乖也 便利未明眾心不厭 厭服也 矯枉變常政之所重而不訪台司不謀卿士若事下之後議者剗異異之則朝失其便同之則王言已行臣愚以爲可宣下百官參其同異然後覽擇勝否詳采厥衷敢以瞽言冒干天禁 瞽無目者也不察人君顏色而言如無目之人也孔子曰未見顏色而言謂之瞽干犯也 惟陛下納焉帝不從時陳留郡缺職尚書史敞等薦廣曰臣聞德以旌賢 旌明也書曰德懋懋官 爵以建事 能建立事則與之爵 明試以功典謨所美 明白考試之有功者則授之以官舜典咎繇謨皆有此言故云典謨所美也 五服五章天秩所作 五服謂天子諸侯卿大夫士之服也五者之服必須章明尚書咎繇謨曰天秩有禮自我五禮有庸哉天命有德五服五章哉秩序也 是以臣竭其忠君豐其寵 豐厚也 舉不失德下忘其死竊見尚書僕射胡廣體真履規謙虛溫雅博物洽聞探賾窮理六經典奧舊章憲式無所不覽柔而不犯文而有禮 柔而不犯謂性和柔而不可犯以非義也 忠

貞之性憂公如家不矜其能不伐其勞翼翼周愼行靡玷漏密勿夙夜（密勿黽勉）十有餘年心不外顧志不苟進臣等竊㠯爲廣在尚書劬勞日久後母年老旣蒙簡照宜試職千里匡寍方國（詩云厥德不回以受方國）陳畱近郡今太守任缺廣才略深茂堪能撥煩願㠯參選紀綱頹俗使束修守善有所勸仰廣典機事十年出爲濟陰太守㠯舉吏不實免復爲汝南太守入拜大司農漢安元年遷司徒質帝崩代李固爲太尉錄尚書事㠯定策立桓帝封育陽安樂鄉侯㠯病遜位又拜司空告老致仕尋㠯特進徵拜太常遷太尉㠯日食免復爲太常拜太尉延熹二年大將軍梁冀誅廣與司徒韓縯司空孫朗坐不衞宮皆減死一等奪爵土免爲庶人後拜太中大夫太常九年復拜司徒靈帝立與太傅陳蕃參錄尚書事復封故國㠯病自乞會蕃被誅代爲太傅總錄如故時年已八十而心力克壯（盛弘之荊州記曰菊水出

[穰縣芳菊被涯水極甘香谷中皆飲此水上壽百二十七八十者猶以爲夭太尉胡廣所患風疾休沐南歸恒飲此水後疾遂瘳年八十二薨也]繼母在堂朝夕瞻省傍無几杖言不稱老[禮記曰夫爲人子者恒言不稱老]及母卒居喪盡哀率禮無愆性溫柔謹素常遜言恭色[遜順也]達練事體明解朝章雖無謇直之風屢有補闕之益故京師諺曰萬事不理問伯始天下中庸有胡公[庸常也中和可常行之德也孔子曰中庸之爲德其至矣乎]及其李固定策大議不全[質帝崩固爲太尉與廣及司空趙戒議欲立清河王蒜梁冀以蒜年長有德恐爲後患盛意立蠡吾侯志廣戒等懾憚不能與爭而固與杜喬堅守本議]又與中常侍丁肅婚姻以此譏毀於時自在公台三十餘年歷事六帝[廣以順帝漢安元年爲司空至靈帝熹平元年薨三十一年也六帝謂安順冲質桓靈也]禮任甚優每遜位辭疾及免退田里未嘗滿歲輒復升進凡一履司空再作司徒三登太尉又爲太傅其所辟命皆天下名士與故吏陳蕃李咸並爲三司[謝承書曰咸字元卓汝南西平人孤特自立家貧母老常躬耕稼以奉養學魯詩春秋公羊傳三禮三府並辟司徒胡廣舉茂才除高密令政多奇異青州表其狀建寧三年自大鴻臚拜太尉自在相位約身率下常食脫粟飯醬菜而已不與州郡交通刺史二千石牋記非公事不發省以老乞骸骨見許悉還所賜物乘敝牛車使子男御晨發京師百僚追送盈塗不能得見家舊貧狹庇蔭草廬]蕃等每朝會輒稱疾避廣時

人榮之年八十二熹平元年薨使五官中郎將持節奉策贈太傅安樂鄉侯印綬給東園梓器謁者護喪賜冢塋於原陵謚文恭侯拜家一人爲郎中故吏自公卿大夫博士議郎已下數百人皆縗絰殯位自終及葬漢興以來人臣之盛未嘗有也初揚雄依虞箴作十二州二十五官箴揚雄傳曰箴莫大於虞箴故遂作九州箴左傳曰昔周辛甲之爲太史也命百官官箴王闕於虞人之箴曰芒芒禹迹畫爲九州經啓九道人有寢廟獸有茂草各有攸處德用不擾在帝夷羿冒於原獸忘其國恤而思其麀牡武不可重用不恢于夏家獸臣司原敢告僕夫其九箴亡闕後涿郡崔駰及子瑗又臨邑侯劉騊駼增補十六篇廣復繼作四篇文甚典美乃悉撰次首目爲之解釋名曰百官箴凡四十八篇其餘所著詩賦銘頌箴弔及諸解詁凡二十二篇熹平六年靈帝思感舊德乃圖畫廣及太尉黃瓊於省內詔議郎蔡邕爲其頌云謝承書載其頌曰巖巖山嶽配天作輔降神有周生申及甫允茲漢室誕育二后曰胡曰黃方軌齊武惟道之淵惟德之藪股肱元首代作心膂天之烝人有則有類我胡我黃鍾厥純懿巍巍特進仍踐其位赫赫三事七佩其紱奕奕四牡沃若六轡袞職龍章其文有蔚參曜乾台窮寵極貴功加八荒羣生以遂超哉邈乎莫與爲二

論曰：爵任之於人重矣，全喪之於生大矣。懷祿以圖存者，仕子之恒情；審能而就列者，出身之常體。列位也。夫紆於物則非己，直於志則犯俗。紆曲也。辭其艱則乖義，徇其節則失身。徇營也。統之，方軌易因，險塗難御。統者總論上事也。方軌謂平路也。若履平路，易可因循；如踐險塗，則難免顛覆也。故昔人明慎於所受之分，遲遲於岐路之間也。呈材效職，則受之分明矣。遲遲，疑不全之貌也。明其分則不可妄進。如令志行無牽於物，臨生不先其存，後世何貶焉？守志直道，視死如歸，則後之人何從而貶責矣。古人以宴安爲戒，豈數公之謂乎？左傳曰：「宴安酖毒，不可懷也。」

贊曰：鄧、張作傳，無咎無譽。敏正疑律，防議章句。胡公庸庸，飾情恭貌。朝章雖理，據正或橈。橈，曲也。易曰：「棟橈，凶」也。

鄧張徐張胡列傳第三十四

後漢書四十四

袁張韓周列傳第三十五　後漢書四十五

唐章懷太子賢注

袁安字邵公，汝南汝陽人也。祖父良，習孟氏易，孟喜字長卿，東海人，明易，爲丞相掾，見前書。平帝時舉明經，爲太子舍人，續漢志曰：太子舍人，秩比二百石，無員。建武初，至成武令。成武，今曹州縣。安少傳良學。爲人嚴重有威，見敬於州里。初爲縣功曹，續漢志曰：縣功曹史，主選署功勞。奉檄詣從事，從事因安致書於令。續漢志曰：每州刺史皆有從事史。安曰："公事自有郵驛，私請則非功曹所持。"辭不敢受。從事瞿然而止。瞿音九具反。後舉孝廉，汝南先賢傳曰：時大雪積地丈餘，洛陽令自出案行，見人家皆除雪出，有乞食者。至袁安門，無有行路。謂安已死，令人除雪入戶，見安僵臥。問何以不出，安曰："大雪人皆餓，不宜干人。"令以爲賢，舉爲孝廉也。除陰平長、任城令，陰平縣故城在今沂州承縣西南。任城，今兗州縣也。所在吏人畏而愛之。永平十三年，楚王英謀爲逆，事下郡覆考。明年，三府舉安能理劇，拜楚郡太守。是時英辭所連及繫者數千人，顯宗怒甚，吏案之急，迫痛自誣，死者甚眾。安到郡，不入府，先往案獄，理其無明驗者，條上出之府丞掾史皆叩頭爭以爲阿附反虜法與同罪不可安曰如有不合太守自當坐之不以相及也遂分別具奏帝感悟卽報許得出者四百餘家歲餘徵爲河南尹政號嚴明然未曾以贓罪鞠人常稱曰凡學仕者高則望宰相下則希牧守錮人於聖世尹所不忍爲也聞之者皆感激自勵在職十年京師肅然名重朝廷建初八年遷太僕元和二年武威太守孟雲上書北虜旣已和親而南部復往抄掠北單于謂漢欺之謀欲犯邊宜還其生口以安慰之詔百官議朝堂公卿皆言夷狄譎詐求欲無厭譎亦詐也旣得生口當復妄自誇大不可開許安獨曰北虜遣使奉獻和親有得邊生口者輒以歸漢此明其畏威而非先違約也雲以大臣典邊不宜負信於戎狄還之足示中國優貸而使邊人得安誠便司徒桓虞改議從安太尉鄭弘司空第五倫皆恨之弘因大言激勵虞曰諸言當

還生口者皆爲不忠虞廷叱之倫及大鴻臚韋彪各作色變容司隸校尉舉奏安等皆上印綬謝肅宗詔報曰久議沈滯各有所志蓋事以議從策由衆定闇闇衎衎得禮之容（闇闇忠正貌衎衎和樂貌）寢嘿抑心更非朝廷之福君何尤而深謝其各冠履帝竟從安議明年代第五倫爲司空章和元年代桓虞爲司徒和帝卽位竇太后臨朝后兄車騎將軍憲北擊匈奴安與太尉宋由司空任隗及九卿詣朝堂上書諫以爲匈奴不犯邊塞而無故勞師遠涉損費國用徼功萬里非社稷之計書連上輒寢宋由懼遂不敢復署議而諸卿稍自引止唯安獨與任隗守正不移至免冠朝堂固爭者十上太后不聽衆皆爲之危懼安正色自若竇憲旣出而弟衞尉篤執金吾景各專威權公於京師使客遮道奪人財物景又擅使乘驛施檄緣邊諸郡發突騎及善騎射有才力者漁陽鴈門上谷三郡各遣吏

將送詣景第有司畏憚莫敢言者安乃劾景擅發邊兵驚惑吏人二千石不待符信而輒承景檄當伏顯誅又奏司隸校尉河南尹阿附貴戚無盡節之義續漢書曰安奏司隸鄭據河南尹蔡嵩請免官案罪竝寑不報憲景等日益橫盡樹其親黨賓客於名都大郡袁山松書曰河南尹王調漢陽太守朱敞南陽太守蒲般高丹等皆其賓客前書曰十二萬戶爲大郡也皆賦斂吏人更相賂遺其餘州郡亦復望風從之安與任隗舉奏諸二千石又它所連及貶秩免官者四十餘人竇氏大恨但安隗素行高亦未有㠯害之時竇憲復出屯武威明年北單于爲耿夔所破遁走烏孫塞北地空餘部不知所屬憲日矜己功欲結恩北虜乃上立降者左鹿蠡王阿佟徒冬反爲北單于置中郎將領護如南單于故事事下公卿議太尉宋由太常丁鴻光祿勳耿秉等十人議可許安與任隗奏㠯爲光武招懷南虜非謂可永安內地正㠯權時之算可得捍禦北狄故也今朔漠旣定宜令南單于

反其北庭并領降眾無緣復更立阿佟㠯增國費宗正劉方大司農尹睦同安議事奏未㠯時定安懼憲計遂行乃獨上封事曰臣聞功有難圖不可豫見事有易斷較然不疑伏惟光武皇帝本所㠯立南單于者欲安南定北之策也恩德甚備故匈奴遂分邊境無患孝明皇帝奉承先意不敢失墜赫然命將爰伐塞北至於章和之初降者十萬餘人議者欲置之濱塞東至遼東濱邊也太尉宋由光祿勳耿秉皆㠯爲失南單于心不可先帝從之陛下奉承鴻業大開疆宇大將軍遠師討伐席卷北庭此誠宣明祖宗崇立鴻勳者也宜審其終㠯成厥初伏念南單于屯先父舉眾歸德自蒙恩㠯來四十餘年三帝積累㠯遺陛下陛下深宜遵述先志成就其業況屯首唱大謀空盡北虜輟而弗圖更立新降㠯一朝之計違三世之規失信於所養建立於無功由秉實知舊議而欲背棄先

恩夫言行君子之樞機〔易曰言行者君子之樞機樞機之發榮辱之主也〕賞罰理國之綱紀論語曰言忠信行篤敬雖蠻貊行焉今若失信於一屯則百蠻不敢復保誓矣又烏桓鮮卑新殺北單于凡人之情咸畏仇讐今立其弟則二虜懷怨兵食可廢信不可去〔論語孔子曰足食足兵人信之矣必不得已而去於斯三者何先曰去兵曰人不得已而去於斯二者何先曰去食自古皆有死人無信不立〕且漢故事供給南單于費直歲一億九千餘萬西域歲七千四百八十萬今北庭彌遠其費過倍是乃空盡天下而非建策之要也詔下其議安又與憲更相難折憲險急負埶言辭驕訐〔訐謂發揚人之惡〕至詆毀安稱光武誅韓歆戴涉故事安終不移〔大司徒歆坐非帝讀隗囂書自殺大司徒涉坐殺太倉令下獄死〕憲竟立匈奴降者右鹿蠡王於除鞬爲單于〔鞬音九言反〕後遂反叛卒如安策安以天子幼弱外戚擅權每朝會進見及與公卿言國家事未嘗不噫鳴流涕〔噫音醫又乙戒反鳴音一故反欷傷之貌也〕自天子及大臣皆恃賴之四年春薨朝廷痛惜焉後數月竇氏敗帝始親萬機

追思前議者邪正之節乃除安子賞爲郎策免宋由以尹睦爲太尉劉方爲司空睦河南人薨於位方平原人後坐事免歸自殺初安父沒母使安訪求葬地道逢三書生問安何之安爲言其故生乃指一處云葬此地當世爲上公須臾不見安異之於是遂葬其所占之地故累世隆盛焉安子京敞最知名京字仲譽習孟氏易作難記三十萬言初拜郎中稍遷侍中出爲蜀郡太守子彭字伯楚少傳父業歷廣漢南陽太守順帝初爲光祿勳行至清爲吏麤袍糲食終於議郎尚書胡廣等追表其有清絜之美比前朝貢禹第五倫（貢禹元帝御史大夫經明行修清絜憂國也）未蒙顯贈當時皆嗟歎之彭弟湯字仲河少傳家學諸儒稱其節多歷顯位桓帝初爲司空以豫議定策封安國亭侯食邑五百戶累遷司徒太尉以災異策免卒謚曰康侯（風俗通曰湯時年八十六有子十二人）湯長子成左中郎早卒次子逢嗣逢字周陽以累世

三公子寬厚篤信著稱於時靈帝立逢以太僕豫議增封三百戶後爲司空卒於執金吾朝廷以逢嘗爲三老特優禮之賜以珠畫特詔祕器前書曰董賢死以砂畫棺音義云以珠砂畫之也珠與朱同祕器棺也飯含珠玉二十六品穀梁傳曰貝玉曰含使五官中郎將持節奉策贈以車騎將軍印綬加號特進謚曰宣文矦子基嗣位至太僕逢弟隗少歷顯官隗字次陽先逢爲三公時中常侍袁赦隗之宗也用事於中以逢隗世宰相家推崇以爲外援故袁氏貴寵於世富奢甚不與它公族同獻帝初隗爲太傅成子紹逢子術自有傳董卓忿紹術背己遂誅隗及術兄基等男女二十餘人

敞字叔平少傳易經教授以父任爲太子舍人和帝時歷位將軍大夫侍中出爲東郡太守徵拜太僕光祿勳元初三年代劉愷爲司空明年坐子與尚書郎張俊交通漏泄省中語策免敞廉勁不

阿權貴失鄧氏旨遂自殺張俊者蜀郡人有才能兄龕竝爲尚書郎年少勵鋒氣郎朱濟丁盛立行不修俊欲舉奏之二人聞恐因郎陳重雷義往請俊俊不聽因共私賂侍史使求俊短得其私書與敞子遂封上之皆下獄當死俊自獄中占獄吏上書自訟（占謂口授也前書曰陳遵憑几口占書吏是也）書奏而俊獄已報（謂奏報論死也）廷尉將出穀門臨行刑（穀門洛陽城北面中門也）鄧太后詔馳騎以減死論俊假名上書謝曰臣孤恩負義自陷重刑情斷意訖無所復望廷尉鞫遣歐（音一口反）刀在前棺絮在後魂魄飛揚形容已枯陛下垂澤以臣嘗在近密（謂爲尚書郎）識臣狀貌傷臣眼目留心曲慮特加偏覆喪車復還白骨更肉披棺發槨起見白日天地父母能生臣俊不能使臣俊當死復生陛下德過天地恩重父母誠非臣俊破碎骸骨舉宗腐爛所報萬一臣俊徒也不得上書不勝去死就生驚喜踴躍觸冒拜章當時皆哀其文朝廷由此薄

敞罪而隱其死㠯三公禮葬之復其官子盱況于反盱後至光祿勳時大將軍梁冀擅朝內外莫不阿附唯盱與廷尉邯鄲義正身自守及桓帝誅冀使盱持節收其印綬事已具梁冀傳

閎字夏甫彭之孫也少勵操行苦身修節父賀爲彭城相風俗通曰賀字元服祖父京爲侍中安帝始加元服百僚會賀臨莊垂出而孫適生喜其嘉會因名字焉閎往省謁變名姓徒行無旅既至府門連日吏不爲通會阿母出見閎驚謝承書曰乳母從內出見在門側面貌省瘦爲其垂泣閎厚丁寧此間不知吾愼勿宣露也入白夫人乃密呼見既而辭去賀遣車送之閎稱眩疾不肯乘反郡界無知者及賀卒郡閎兄弟迎喪不受賻贈縗經扶柩冒犯寒露體貌枯毀手足血流見者莫不傷之服闋累徵聘舉召皆不應居處側陋㠯耕學爲業從父逢隗竝貴盛數饋之無所受閎見時方險亂而家門富盛常對兄弟歎曰吾先公福祚後世不能㠯德守之而競爲驕奢與亂世爭權此卽晉之三郤矣三郤謂郤錡郤犨郤至皆晉卿也各驕奢爲厲

公所殺事見左傳延熹末黨事將作閎遂散髮絶世欲投迹深林以母老不宜遠遁乃築土室四周於庭不爲戶自牖納飲食而已旦於室中東向拜母母思閎時往就視母去便自掩閉兄弟妻子莫得見也及母歿不爲制服設位時莫能名或以爲狂生潛身十八年黃巾賊起攻沒郡縣百姓驚散閎誦經不移賊相約語不入其閭鄉人就閎避難皆得全免年五十七卒於土室汝南先賢傳曰閎臨卒敕其子曰勿設殯棺但著襌衫疏布單衣幅巾襯尸於板牀之上以五百墼爲藏二弟忠弘節操皆亞於閎忠字正甫與同郡范滂爲友俱證黨事得釋語在滂傳初平中爲沛相沛王琮相也琮光武八代孫也乘葦車到官以清亮稱及天下大亂忠棄官客會稽上虞縣名城在今越州餘姚縣西一見太守王朗徒從整飾心嫌之遂稱病自絶王朗字景興肅之父也魏志有傳謝承書曰忠秉船載笠蓋詣朗見朗左右僮從皆著青絳采衣非其奢麗卽辭疾發而退也後孫策破會稽忠等浮海南投交阯獻帝都許徵爲衞尉未到卒弘字邵甫恥其門族貴埶乃變姓名徒步師門從

師不應徵辟終於家謝承書曰弘嘗入京師太學其從父逢爲太尉呼弘與相見遇逢宴會作樂弘伏稱頭痛不聽音聲而退遂不復往紹術兄弟亦不與通忠子祕爲郡門下議生黃巾起祕從太守趙謙擊之軍敗祕與功曹封觀等七人㠯身扞刃皆死於陳謙㠯得免詔祕等門閭號曰七賢謝承書曰祕字永寧封觀與主簿陳端門下督范仲禮賊曹劉偉德主記史丁子嗣記室史張仲然議生袁祕等七人擢刃突陳與戰並死也封觀者有志節當舉孝廉㠯兄名位未顯恥先受之遂稱風疾喑不能言火起觀屋徐出避之忍而不告後數年兄得舉觀乃稱損而仕郡焉謝承書曰觀字孝起南頓人也

論曰陳平多陰謀而知其後必廢丞相陳平爲高祖謀臣出六奇歎曰我多陰謀道家之所禁吾世卽廢以吾多陰謀禍也其後曾孫掌以衛氏親戚貴達願得續封而終不得也邴吉有陰德夏后勝識其當封及子孫武帝末戾太子巫蠱事起邴吉爲廷尉監時宣帝年二歲坐太子事繫望氣者言長安獄中有天子氣於是上遣使者分條中都官詔獄繫者亡輕重一切皆殺之內者令郭穰至郡邸獄吉閉門扞拒曰它人無辜猶不可況親曾孫乎穰不得入還以聞上曰天使之也因大赦天下曾孫賴吉得立宣帝立吉爲丞相未及封而病上憂吉不起夏后勝曰此未死也臣聞有陰德者必饗其樂以及子孫後吉病愈封博陽侯薨子顯嗣甘露中削爵爲關內侯至孫昌復封博陽侯傳子至孫王莽敗乃絕終陳掌不侯而邴昌紹國雖有不類

未可致詰其大致歸然矣袁公竇氏之間乃情帝室乃情猶竭情也引義雅正可謂王臣之烈易曰王臣蹇蹇匪躬之故烈業也及其理楚獄未嘗鞫人於臧罪其仁心足以覃乎後昆爾雅曰覃延也子孫之盛不亦宜乎此論並華嶠之詞也

張酺字孟侯汝南細陽人趙王張敖之後也敖父耳自楚降漢高祖封爲趙王敖嗣後有罪廢爲宣平侯敖子壽封細陽之池陽鄉後廢因家焉酺少從祖父充受尚書能傳其業東觀記曰充與光武同門學光武卽位求問充充已死又事太常桓榮勤力不怠聚徒以百數永平九年顯宗爲四姓小侯開學於南宮小侯解見明紀也置五經師酺以尚書教授數講於御前以論難當意除爲郎賜車馬衣裳遂令入授皇太子酺爲人質直守經義每侍講閒隙數有匡正之辭以嚴見憚東觀記曰太子家時爲奢侈物未嘗不正諫甚見重焉及肅宗卽位擢酺爲侍中虎賁中郎將數月出爲東郡太守酺自以嘗經親近未悟見出意不自得悟曉也上疏辭曰臣愚以經術給事左右少不更職不曉文法猥當剖符典郡

後漢四十五

班政千里必有負恩辱位之咎臣竊私自分殊不慮出城闕冀蒙留恩託備冗官羣僚所不安耳目所聞見不敢避好醜詔報曰經云身雖在外乃心不離王室（尚書康王之誥曰雖爾身在外乃心罔不在王室也）典城臨民益所以報效也好醜必上不在遠近（好醜謂善惡也言事之善惡必以聞上此即報效豈拘外內也）今賜裝三十萬其亟之官酺雖儒者而性剛斷下車擢用義勇搏擊豪強長吏有殺盜徒者酺輒案之以爲令長受臧猶不至死盜徒皆飢寒傭保何足窮其法乎郡吏王青者（謝承書曰青字公然東郡聊城人也）祖父翁與前太守翟義起兵攻王莽及義敗餘衆悉降翁獨守節力戰莽遂燔燒之父隆建武初爲都尉功曹青爲小史與父俱從都尉行縣道遇賊隆以身衛全都尉遂死於難青亦被矢貫咽音聲流喝（流或作嘶喝音一介反廣蒼曰聲之幽也）前郡守以青身有金夷竟不能舉（夷傷也）酺見之歎息曰豈有一門忠義而爵賞不及乎遂擢用極右曹（漢官儀曰督郵功曹郡之極位）乃上疏薦青三世死節

宜蒙顯異奏下三公由此爲司空所辟東觀記曰青從此除步兵司馬酺傷青不遂復舉其子孝廉也自酺出後帝每見諸王師傅嘗言張酺前入侍講屢有諫正誾誾惻惻出於誠心可謂有史魚之風矣誾誾忠正也惻惻懇切也史魚衞大夫名鰌字子魚孔子曰直哉史魚邦有道如矢邦無道如矢元和二年東巡狩幸東郡引酺及門生幷郡縣掾史並會庭中帝先備弟子之儀使酺講尚書一篇然後修君臣之禮東觀記曰時使尚書令王鮪與酺相難上甚欣悅賞賜殊特莫不沾洽酺視事十五年和帝初遷魏郡太守郡人鄭據時爲司隸校尉奏免執金吾竇景景後復位遣掾夏猛私謝酺曰鄭據小人爲所侵冤聞其兒爲吏放縱狼籍取是曹子一人足已警百酺大怒卽收猛繫獄檄言執金吾府疑猛與據子不平騎稱卿意已報私讎會有贖罪令猛乃得出東觀記曰據字平卿黎陽人也爲侍御史轉司隸校尉也頃之徵入爲河南尹竇景家人復擊傷市卒吏捕得之景怒遣緹騎侯海等五百人歐傷市丞說文曰緹帛丹黃色也漢官儀曰執金吾有緹騎酺部吏楊章等窮究

正海罪徙朔方景忿怨乃移書辟章等六人爲執金吾吏欲因報
之章等惶恐入白酺願自引臧罪㠯辭景命酺即上言其狀竇太
后詔報自今執金吾辟吏皆勿遣及竇氏敗酺乃上疏曰臣實愚
惷不及大體鄭玄注周禮云惷愚癡騃也惷音陟降反㠯爲竇氏雖伏厥辜而罪刑未著後世
不見其事但聞其誅非所㠯垂示國典貽之將來宜下理官與天
下平之平之謂平論其罪也方憲等寵貴羣臣阿附唯恐不及皆言憲受顧命之
託懷伊呂之忠臨終之命曰顧命至乃復比鄧夫人於文母臣賢按鄧夫人即穰侯鄧疊母元也元出入宮
掖共竇憲女壻郭舉父子同謀殺害與竇氏同誅語在憲傳故張酺論憲兼及其黨稱鄧夫人者
猶如前書霍光妻稱霍顯祁太伯母號祁夫人之類也文母文王之妻也詩曰既有烈考亦有文
母今嚴威既行皆言當死不復顧其前後考折厥衷臣伏見夏陽
侯瓌每存忠善前與臣言常有盡節之心檢敕賓客未嘗犯法臣
聞王者骨肉之刑有三宥之義過厚不過薄禮記曰公族有罪獄成有司讞之於公曰某之罪在大辟公曰宥
之有司又曰在大辟公又曰宥之有司又曰在大辟公又曰宥之及三宥不對走出致刑
於甸人公又使人追之曰雖然必宥之有司曰無及也反命於公公素服如其倫之喪也今議

者爲瓌選嚴能相恐其迫切必不完免宜裁加貸宥㠯崇厚德和帝感酺言徙瓌封就國而已永元五年遷酺爲太僕數月代尹睦爲太尉漢官儀曰睦字伯師河南鞏人也數上疏㠯疾乞身薦魏郡太守徐防自代帝不許使中黃門問病加㠯珍羞賜錢三十萬酺遂稱篤時子蕃㠯郎侍講帝因令小黃門敕蕃曰陰陽不和萬人失所朝廷望公思惟得失與國同心而託病自絜求去重任誰當與吾同憂責者非有望於斷金也斷金解在皇后紀司徒固疾司空年老時司徒劉方司空張奮也公其傴僂勿露所救傴僂言恭敬從命也左氏傳曰一命而僂再命而傴三命而俯酺惶恐詣闕謝還復視事酺雖在公位而父常居田里酺每有遷職輒一詣京師常來候酺適會歲節公卿罷朝俱詣酺府舉酒上壽極歡卒日衆人皆慶羨之及父卒旣葬詔遣使齎牛酒爲釋服後㠯事與司隸校尉晏稱會於朝堂酺從容謂稱曰三府辟吏多非其人稱歸卽奏令三府各實其掾

史酺本以私言不意稱奏之甚懷恨會復共謝闕下酺因責讓於稱稱辭語不順酺怒遂廷叱之稱乃劾奏酺有怨言天子以酺先帝師有詔公卿博士朝臣會議司徒呂蓋奏酺位居三司知公門有儀不屏氣鞠躬以須詔命反作色大言怨讓使臣不可以示四遠司隸校尉督大姦猾無所不察故曰使臣也於是策免酺歸里舍謝遣諸生閉門不通賓客左中郎將何敞及言事者多訟酺公忠帝亦雅重之十五年復拜爲光祿勳數月代魯恭爲司徒月餘薨乘輿縞素臨弔賜冢塋地賵贈恩寵異於它相酺病臨危敕其子曰顯節陵埽地露祭欲率天下以儉顯節明帝陵也明帝遺詔無起寢廟故言埽地而祭也故酺遵奉之吾爲三公既不能宣揚王化令吏人從制豈可不務節約乎其無起祠堂可作稾蓋廡施祭其下而已廡屋也曾孫濟好儒學華嶠書曰蕃生磐磐生濟濟字元江靈帝初楊賜薦濟明習典訓爲侍講光和中至司空病罷及卒靈帝以舊恩贈車騎將軍關內侯印綬其年追濟侍講

有勞封子根爲蔡陽鄉矦濟弟喜初平中爲司空

韓棱字伯師潁川舞陽人弓高矦穨當之後也（穨當韓王信之子見前書）世爲鄉里著姓父尋建武中爲隴西太守棱四歲而孤養母弟以孝友稱及壯推先父餘財數百萬與從昆弟鄉里益高之初爲郡功曹太守葛興中風病不能聽政棱陰代興視事出入二年令無違者興子嘗發教欲署吏棱拒執不從因令怨者章之（章謂令上章告言之）事下按驗吏以棱掩蔽興病專典郡職遂致禁錮顯宗知其忠後詔特原之由是徵辟五遷爲尚書令與僕射郅壽尚書陳寵同時俱以才能稱肅宗嘗賜諸尚書劒唯此三人特以寶劒自手署其名曰韓棱楚龍淵（晉太康記汝南西平縣有龍泉水可淬刀劒特堅利汝南即楚分野）郅壽蜀漢文陳寵濟南椎成（椎音直追反漢官儀椎成作鍛成）時論者爲之說以棱淵深有謀故得龍淵壽明達有文章故得漢文寵敦朴善不見外故得椎成和帝即位侍中竇憲使人刺

殺齊殤王子都鄉侯暢於上東門有司畏憲咸委疑於暢兄弟詔遣侍御史之齊案其事棱上疏以爲賊在京師不宜捨近問遠恐爲姦臣所笑竇太后怒以切責棱棱固執其議及事發果如所言憲惶恐白太后求出擊北匈奴以贖罪棱復上疏諫太后不從及憲有功還爲大將軍威震天下復出屯武威會帝西祠園陵詔憲與車駕會長安及憲至尚書以下議欲拜之伏稱萬歲棱正色曰夫上交不諂下交不黷（易下繫之辭也）禮無人臣稱萬歲之制議者皆慙而止尚書左丞王龍私奏記上牛酒於憲棱舉奏龍論爲城旦（前書音義曰城旦輕刑之名也晝日司寇虜夜暮集長城故曰城旦）棱在朝數薦舉良吏應順呂章周紆等皆有名當時及竇氏敗棱典按其事深竟黨與數月不休沐帝以爲憂國忘家賜布三百匹遷南陽太守特聽棱得過家上冢鄉里以爲榮棱發擿姦盜郡中震慄政號嚴平數歲徵入爲太僕九年冬代張

奮爲司空明年薨子輔安帝時至趙相（趙王良孫商之相也）棱孫演順帝時爲丹楊太守政有能名桓帝時爲司徒（演字伯南）大將軍梁冀被誅演坐阿黨抵罪以減死論遣歸本郡（華嶠書曰梁皇后崩梁貴人大幸將立大將軍冀欲分其寵謀冒姓爲貴人父演陰許諾及冀誅事發演坐抵罪也）後復徵拜司隸校尉

周榮字平孫廬江舒人也肅宗時舉明經辟司徒袁安府安數與論議甚器之及安舉奏竇景及與竇憲爭立北單于事皆榮所具草竇氏客太尉掾徐齮深惡之脅榮曰子爲袁公腹心之謀排奏竇氏竇氏悍士刺客滿城中謹備之矣榮曰榮江淮孤生蒙先帝大恩以歷宰二城今復得備宰士（榮辟司徒府故稱宰士）縱爲竇氏所害誠所甘心故常敕妻子若卒遇飛禍無得殯斂（飛禍言倉卒而死也）冀以區區腐身覺悟朝廷及竇氏敗榮由此顯名自郾令擢爲尚書令出爲潁川太守坐法當下獄和帝思榮忠節左轉共令（共縣名屬河內郡故城在今衛州共城縣東即古共國也）歲

餘復以爲山陽太守所歷郡縣皆見稱紀以老病乞身卒于家詔特賜錢二十萬除子男興爲郎中興少有名譽永寧中尚書陳忠上疏薦興曰臣伏惟古者帝王有所號令言必弘雅辭必溫麗垂於後世列於典經故仲尼嘉唐虞之文章從周室之郁郁論語孔子曰大哉堯之爲君也煥乎其有文章又曰周監於二代郁郁乎文哉吾從周臣竊見光祿郎周興光祿主郎故曰光祿郎孝友之行著於閨門清麗之志聞於州里蘊匵古今博物多聞蘊藏也匵匱也三墳之篇五典之策無所不覽伏羲神農黃帝之書曰三墳少昊顓頊高辛唐虞之書曰五典也屬文著辭有可觀採尚書出納帝命爲王喉舌尚書爲王之喉舌官也李固對策曰今陛下有尚書猶天之有北斗也北斗爲天之喉舌尚書亦爲陛下之喉舌也臣等既愚闇而諸郎多文俗吏鮮有雅才每爲詔文宣示內外轉相求請或以不能而專己自由辭多鄙固興抱奇懷能隨輩棲遲誠可歎息詔乃拜興爲尚書郎卒興子景

景字仲饗辟大將軍梁冀府稍遷豫州刺史河內太守好賢愛士

其拔才薦善常恐不及每至歲時延請舉吏入上後堂與共宴會如此數四乃遣之贈送什物無不充備既而選其父兄子弟事相優異嘗稱曰臣子同貫若之何不厚先是司徒韓演在河內志在無私舉吏當行一辭而已恩亦不及其家曰我舉若可矣豈可令徧積一門故當時論者議此二人景後徵入爲將作大匠及梁冀誅景以故吏免官禁錮朝廷以景素著忠正頃之復引拜尚書令蔡質漢儀曰延熹中京師游俠有盜發順帝陵賣御物於市市長追捕不得周景以尺一詔召遷司隸校尉左雄詰臺對詰雄伏於廷荅對景使虎賁左駿頓頭血出覆而與三日期賊便擒也太僕衞尉六年代劉寵爲司空是時宦官任人及子弟充塞列位景初視事與太尉楊秉舉奏諸姦猾自將軍牧守以下免者五十餘人遂連及中常侍防東陽侯侯覽東武陽侯具瑗皆坐黜朝廷莫不稱之視事二年以地震策免歲餘復代陳蕃爲太尉建寧元年薨以豫議定策立靈帝追封安陽鄉侯長子崇嗣至甘陵相甘陵

王理相也理卽章帝曾孫中子忠少歷列位累遷大司農吳書曰忠字嘉謀與朱儁其敗李傕於曹陽也忠子暉前爲洛陽令去官賜歸兄弟好賓客雄江淮間出入從車常百餘乘及帝崩暉聞京師不安來候忠董卓聞而惡之使兵劫殺其兄弟忠後代皇甫嵩爲太尉錄尚書事以災異免復爲衛尉從獻帝東歸洛陽

贊曰袁公持重誠單所奉單盡也惟德不忘延世承寵孟侯經博侍言帝模棱榮事君志同鸇雀左傳曰見無禮於其君者誅之如鷹鸇之逐鳥雀也

袁張韓周列傳第三十五

郭陳列傳第三十六　後漢書四十六

唐章懷太子賢注

郭躬字仲孫，潁川陽翟人也。家世衣冠。父弘，習小杜律。前書杜周武帝時爲廷尉御史大夫，斷獄深刻。少子延年亦明法律，宣帝時又爲御史大夫。對父故言小。太守寇恂以弘爲決曹掾，斷獄至三十年，用法平。諸爲弘所決者，退無怨情，郡內比之東海于公。年九十五卒。于公，東海人，丞相于定國父也。爲郡決曹，決獄平，羅文法者，于公所決皆不恨。見前書也。

躬少傳父業，講授徒衆常數百人。後爲郡吏，辟公府。永平中，奉車都尉竇固出擊匈奴，騎都尉秦彭爲副。彭在別屯而輒以法斬人，固奏彭專擅，請誅之。顯宗乃引公卿朝臣平其罪科。躬以明法律，召入議。議者皆然固奏，躬獨曰：「於法，彭得斬之。」帝曰：「軍征，校尉一統於督。督謂大將。彭既無斧鉞，可得專殺人乎？」躬對曰：「一統於督者，謂在部曲也。前書音義曰：大將軍行有伍部，部有曲也。今彭專軍別將，有異於此。兵事呼吸，不容先關督帥。且漢制棨戟即爲斧鉞，於法不合罪有衣之戟曰棨帝從躬議又有兄弟共殺人者而罪未有所歸帝以兄不訓弟故報兄重而減弟死中常侍孫章宣詔誤言兩報重尚書奏章矯制罪當腰斬帝復召躬問之躬對章應罰金帝曰章矯詔殺人何謂罰金躬曰法令有故誤章傳命之謬於事爲誤誤者其文則輕帝曰章與囚同縣疑其故也躬曰周道如砥其直如矢詩小雅也如砥貢賦平如矢賞罰平君子不逆詐論語孔子之言君王法天刑不可以委曲生意帝曰善遷躬廷尉正坐法免後三遷元和三年拜爲廷尉躬家世掌法務在寬平及典理官決獄斷刑多依矜恕乃條諸重文可從輕者四十一事奏之事皆施行著于令章和元年赦天下繫囚在四月丙子以前減死罪一等勿笞詣金城而文不及亡命未發覺者躬上封事曰聖恩所以減死罪使戍邊者重人命也今死罪亡命無慮萬人廣雅曰無慮都凡也又自赦以來捕得甚衆而詔令不及皆當重

論伏惟天恩莫不蕩宥死罪已下竝蒙更生而亡命捕得獨不沾澤臣以爲赦前犯死罪而繫在赦後者可皆勿笞詣金城以全人命有益於邊肅宗善之卽下詔赦焉躬奏讞法科多所生全永元六年卒官中子晊亦明法律（晊音質）至南陽太守政有名迹弟子鎭

鎭字桓鍾少修家業辟太尉府再遷延光中爲尚書及中黃門孫程誅中常侍江京等而立濟陰王鎭率羽林士擊殺衞尉閻景以成大功事在宦者傳再遷尚書令太傅三公奏鎭冒犯白刃手劒賊臣姦黨殄滅宗廟以寧功比劉章（章齊王肥子也高帝孫誅諸呂有功封朱虛侯也）宜顯爵土以勵忠貞乃封鎭爲定潁侯食邑二千戶拜河南尹轉廷尉免永建四年卒於家詔賜冢塋地長子賀當嗣爵讓與小弟時而逃去積數年詔大鴻臚下州郡追之賀不得已乃出受封累遷復至廷尉及賀卒順帝追思鎭功下詔賜鎭謚曰昭武侯賀曰成侯賀弟

禎亦吕能法律至廷尉鎮弟子禧許其反少明習家業兼好儒學有名譽延熹中亦爲廷尉建寧二年代劉寵爲太尉禧子鴻至司隸校尉封城安鄉矦郭氏自弘後數世皆傳法律子孫至公者一人廷尉七人矦者三人刺史二千石侍中中郎將者二十餘人侍御史正監平者甚衆順帝時廷尉河南吳雄季高吕明法律斷獄平起自孤宦致位司徒雄少時家貧喪母營人所不封土者擇葬其中喪事趣辦不問時日醫巫皆言當族滅而雄不顧及子訢孫恭三世廷尉爲法名家名爲明法之家初肅宗時司隸校尉下邳趙興亦不卹諱忌卹憂也每入官舍輒更繕修館宇移穿改築故犯妖禁而家人爵祿益用豐熾官至潁川太守子峻太傅吕才器稱孫安世魯相三葉皆爲司隸時稱其盛桓帝時汝南有陳伯敬者行必矩步坐必端膝呵叱狗馬終不言死目有所見不食其肉行路聞凶便解駕留止

還觸歸忌則寄宿鄉亭（陰陽書歷法曰歸忌日四孟在丑四仲在寅四季在子其日不可遠行歸家及徙也）年老寢滯不過舉孝廉後坐女壻亡吏太守邵夔怒而殺之時人罔忌禁者多談爲證焉（罔無也）

論曰曾子云上失其道民散久矣如得其情則哀矜而勿喜（言人離散犯法乃自上之所爲非下之過當哀矜之勿以得情爲喜也見論語）夫不喜於得情則恕心用恕心用則可寄枉直矣夫賢人君子斷獄其必主於此乎郭躬起自佐史小大之獄必察焉（左傳曰小大之獄雖不能察必以情）原其平刑審斷庶於勿喜者乎若乃推己以議物捨狀以貪情（奏彭孫章不死爲推己亡命得減爲貪情也貪與探同也）法家之能慶延于世蓋由此也

陳寵字昭公沛國洨人也（洨縣名故城在今泗州虹縣西南洨音戶交反）曾祖父咸成哀間以律令爲尚書平帝時王莽輔政多改漢制咸心非之及莽因呂寬事誅不附己者何武鮑宣等（平帝時王莽輔政隔絕平帝外家不得至京師莽子宇恐帝長大後見怨教帝舅衛寶令帝母尚書求入莽不許宇

與婦兄呂寬謀以爲莽不可說而好鬼神乃夜以血灑莽第門以驚懼之事覺竝誅死何武爲前將軍王莽先從武求舉武不敢鮑宣爲司隸免徙之上黨呂寬事起莽案鞫并誅不附己者武與宣在見誣中皆被誅竝見前書咸乃歎曰易稱君子見幾而作不俟終日吾可以逝矣幾者事之微吉凶之先見者逝往也卽乞骸骨去職及莽篡位召咸以爲掌寇大夫謝病不肯應時三子參豐欽皆在位乃悉令解官父子相與歸鄉里閉門不出入猶用漢家祖臘應劭風俗通曰共工之子好遠遊死爲祖神漢家火行盛於午故以午日爲祖也臘者歲終祭衆神之名臘接也新故交接故大祭以報功也漢火行衰於戌故臘用戌日也人問其故咸曰我先人豈知王氏臘乎其後莽復徵咸遂稱病篤於是乃收斂其家律令書文皆壁藏之咸性仁恕常戒子孫曰爲人議法當依於輕雖有百金之利愼無與人重比建武初欽子躬爲廷尉左監早卒躬生寵明習家業少爲州郡吏辟司徒鮑昱府是時三府掾屬專尚交遊以不肯視事爲高寵常非之獨勤心物務數爲昱陳當世便宜昱高其能轉爲辭曹掌天下獄訟續漢志曰三公掾屬二十四人有辭曹主辭訟事也其所平決無不厭服衆心時司徒辭

訟久者數十年事類溷錯易爲輕重不良吏得生因緣因緣謂依附以生輕重也寵爲昱撰辭訟比七卷決事科條皆以事類相從昱奏上之其後公府奉以爲法三遷肅宗初爲尚書是時承永平故事吏政尚嚴切尚書決事率近於重寵以帝新即位宜改前世苛俗乃上疏曰臣聞先王之政賞不僭刑不濫與其不得已寧僭不濫事見左傳晉大夫聲子辭故唐堯著典眚災肆赦尚書舜典之辭也眚過也災害也肆緩也言過誤有害當緩赦也周公作戒勿誤庶獄尚書立政之辭也言文子文孫從今以往惟以正道理衆獄勿誤也伯夷之典惟敬五刑以成三德三德剛柔正直尚書呂刑曰伯夷降典折民惟刑惟敬五刑以成三德由此言之聖賢之政以刑罰爲首往者斷獄嚴明所以威懲姦慝姦慝既平必宜濟之以寬濟益也陛下即位率由此義數詔羣僚弘崇晏晏晏晏溫和也尚書考靈耀曰堯聰明文塞晏晏而有司執事未悉奉承典刑用法猶尚深刻斷獄者急於篣格酷烈之痛篣即搒也古字通用聲類曰笞也說文曰格擊也執憲者煩於詆欺放濫之文或因公行私逞縱威福夫爲政猶張琴瑟大

弦急者小弦絕故子貢非臧孫之猛法而美鄭喬之仁政[臧孫魯大夫行猛政子貢非之曰夫政猶張琴瑟也大弦急則小弦絕矣故曰罰得則姦邪止賞得則下歡悅子之賊心見矣獨不聞子產之相鄭乎推賢舉能抑惡揚善有大略者不問其短有厚德者不非小疵家給人足囹圄空虛子產卒國人皆叩心流涕三月不聞竽琴之音其生也見愛死也可悲故曰德莫大於仁禍莫大於刻今子病而人賀子愈而人相懼曰嗟乎何命之不善臧孫慚而避位終身不出見新序]詩云不剛不柔布政優優[優優和也]方今聖德充塞假于上下[假至也書格上下天地也]宜隆先王之道蕩滌煩苛之法輕薄箠楚以濟羣生全廣至德以奉天心帝敬納寵言每事務於寬厚其後遂詔有司絕鉆鑽諸慘酷之科[蒼頡篇曰鉆持也說文曰鉆鐵銸也其炎反銸音陟葉反鑽臏刑謂鑽去其臏骨也鑽音作喚反]解妖惡之禁除文致之請讞五十餘事定著于令[文致謂前人無罪文飾致於法中也]是後人俗和平屢有嘉瑞漢舊事斷獄報重常盡三冬之月[報論也重死刑也]是時帝始改用冬初十月而已元和二年旱長水校尉賈宗等上言以爲斷獄不盡三冬故陰氣微弱陽氣發泄招致災旱事在於此帝以其言下公卿議寵奏曰夫冬至之節陽氣始萌故十一月有蘭射干芸荔之

應易通卦驗曰十一月廣莫風至則蘭射干生月令仲冬日短則陰陽爭諸生蕩芸始生荔挺出射音夜即今之烏扇也芸香艸荔馬薤時令曰諸生蕩
安形體時令月令也蕩動也仲冬一陽爻生草木皆欲萌動也禮記月令仲冬諸生蕩君子齋戒安形性也天以爲正周以爲春正春
皆始也十一月萬物微而未著天以爲正而周以爲歲首十二月陽氣上通雉雊雞乳地以爲正殷以爲
春十二月二陽爻生鴈北鄉陽氣上通諸生皆動始萌牙地以爲正殷以爲歲首也月令季冬雉雊雞乳也十三月陽氣已至天地已交
萬物皆出蟄蟲始振人以爲正夏以爲春十三月今正月也天子迎春東郊陰陽交合萬物皆出於地人始初見故
曰人以爲正夏以爲歲首也月令孟春天氣下降地氣上騰天地和同草木萌動東風解凍蟄蟲始振也三微成著以通三統統者統一歲之事王者三正遞
用周環無窮故曰通三統三禮義宗曰三微三正也言十一月陽氣始施萬物動於黃泉之下微而未著其色皆赤赤者陽氣故周以天正爲歲色尚赤夜半爲朔十二月萬物始牙色白白者陰
氣故殷以地正爲歲色尚白雞鳴爲朔十三月萬物始達其色皆黑人得加功以展其業夏以人正爲歲色尚黑平旦爲朔故曰三微王者奉而成之各法其一以改正朔也易乾鑿度曰三微而
成著三著而體成當此之時天地交萬物通也周以天元殷以地元夏以人元若以此時行刑則
殷周歲首皆當流血不合人心不稽天意月令曰孟冬之月趣獄
刑無留罪臣賢按月令及淮南子皆言季秋趣獄刑無留罪今言孟冬未詳其故明大刑畢在立冬也又仲冬
之月身欲寍事欲靜月令仲冬君子齊戒身欲寍事欲靜以待陰陽之所定也若以降威怒不可謂寍若

以行大刑不可謂靜議者咸曰旱之所由咎在改律臣以爲殷周斷獄不以三微而化致康平無有災害自元和以前皆用三冬而水旱之異往往爲患由此言之災害自爲它應不以改律秦爲虐政四時行刑聖漢初興改從簡易蕭何草律季秋論囚但避立春之月草謂創造之也論決也而不計天地之正二王之春實頗有違言蕭何不論天地之正及殷周之春實乖正道陛下探幽析微允執其中允信也中正也言信執中正之道語見尚書革百載之失建永年之功尚書曰立功立事可以永年上有迎承之敬下有奉微之惠三正之月不用斷獄敬承天意奉順三微也稽春秋之文當月令之意春秋於春每月書王所以通三統也何休注云二月三月皆有王者二月殷正月三月夏正月也聖功美業不宜中疑書奏帝納之遂不復改寵性周密常稱人臣之義苦不畏慎自在樞機謝遣門人拒絕知友唯在公家而已朝廷器之器重之也皇后弟侍中竇憲臣賢按竇后紀及憲傳並云憲竇后兄今諸本皆言弟蓋誤也薦真定令張林爲尚書帝以問寵寵對林雖有才能而素行貪濁憲以此深恨寵林

卒被用而已臧汙抵罪及帝崩憲等秉權常銜寵乃白太后令典喪事欲因過中之黃門侍郎鮑德素敬寵說憲弟夏陽侯瓌曰陳寵奉事先帝深見納任故久留臺閣賞賜有殊今不蒙忠能之賞而計幾微之故（幾微也微細也）誠傷輔政容貸之德瓌亦好士深然之故得出爲太山太守後轉廣漢太守西州豪右并兼吏多姦貪訴訟日百數寵到顯用良吏王渙鐔顯等以爲腹心（鐔音徒南反）訟者日減郡中清肅先是洛縣城南（洛縣名故城在今益州雒縣南也）每陰雨常有哭聲聞於府中積數十年寵聞而疑其故使吏按行還言世衰亂時此下多死亡者而骸骨不得葬儻在於是寵愴然矜歎卽敕縣盡收斂葬之自是哭聲遂絕及竇憲爲大將軍征匈奴公卿以下及郡國無不遣吏子弟奉獻遺者而寵與中山相汝南張郴（光武子中山王焉相也）東平相應順（東平王蒼孫敞之相也）守正不阿後和帝聞之擢寵爲大司農郴太僕順左馮翊

永元六年寵代郭躬爲廷尉性仁矜及爲理官數議疑獄常親自爲奏每附經典務從寬恕帝輒從之濟活者甚衆其深文刻敝於此少衰寵又鉤校律令條法溢於甫刑者除之 鉤猶動也前書曰鉤校得其姦贓鉤音工侯反溢出也孔安國注尚書曰呂侯後爲甫侯故或稱甫侯也 曰臣聞禮經三百威儀三千 禮記曰禮經三百曲禮三千鄭玄注云禮篇多亡本數未聞其中事儀有三千也 故甫刑大辟二百五刑之屬三千禮之所去刑之所取 去禮之人刑以加之故曰取也 失禮則入刑相爲表裏者也今律令死刑六百一十耐罪千六百九十八 耐者輕刑之名也 贖罪以下二千六百八十一溢於甫刑者千九百八十九其四百一十大辟千五百耐罪七十九贖罪春秋保乾圖曰王者三百年一蠲法漢興以來三百二年憲令稍增科條無限又律有三家其說各異宜令三公廷尉平定律令應經合義者可使大辟二百而耐罪贖罪二千八百并爲三千悉刪除其餘令與禮相應以易萬人視聽以致刑錯之美傳之無窮未及

施行會坐詔獄吏與囚交通抵罪詔特免刑拜爲尚書遷大鴻臚寵歷二郡三卿所在有迹見稱當時十六年代徐防爲司空寵雖傳法律而兼通經書奏議溫粹號爲任職相在位三年薨㠯太常南陽尹勤代爲司空勤字叔梁篤性好學屏居人外荆棘生門時人重其節後㠯定策立安帝封福亭矦五百戶永初元年㠯雨水傷稼策免就國病卒無子國除寵子忠

忠字伯始永初中辟司徒府三遷廷尉正正廷尉屬官也秩千石㠯才能有聲稱司徒劉愷舉忠明習法律宜備機密於是擢拜尚書使居三公曹成帝置五尚書三公曹尚書主知斷獄也忠自㠯世典刑法用心務在寬詳初父寵在廷尉上除漢法溢於甫刑者未施行上音時掌反及寵免後遂寢而苛法稍繁人不堪之忠略依寵意奏上二十三條爲決事比比例也必寐反㠯省請讞之敝又上除蠶室刑蠶室宮刑名也或云犗刑也音奇敗反作窨室畜火如蠶室說文曰犗騬牛也騬音繒漢舊儀注曰少府若盧獄有蠶室也解臧

吏三世禁錮狂易殺人得減重論狂易謂狂而易性也母子兄弟相代死聽赦所代者事皆施行及鄧太后崩安帝始親朝事忠以爲臨政之初宜徵聘賢才以宣助風化數上薦隱逸及直道之士馮良周燮杜根成翊世之徒於是公車禮聘良燮等後連有災異詔舉有道公卿百僚各上封事忠以詔書旣開諫爭慮言事者必多激切或致不能容乃上疏豫通帝意曰臣聞仁君廣山藪之大納切直之謀左氏傳曰川澤納汙山藪藏疾瑾瑜匿瑕國君含垢天之道也忠臣盡謇諤之節不畏逆耳之害史記曰趙簡子有臣周舍好直諫周舍死簡子曰吾聞千羊之皮不如一狐之腋衆人之唯唯不如周舍之諤諤家語孔子曰忠言逆耳而利於行也是以高祖舍周昌桀紂之譬周昌爲御史大夫嘗燕入奏事高帝方擁戚姬昌走出高帝逐得騎昌項問曰我何如主也昌仰曰陛下桀紂之主也上笑不之罪孝文嘉爰盎人豕之譏文帝幸愼夫人常與皇后同坐後幸上林愼夫人從盎爲中郎將却愼夫人坐愼夫人怒不坐帝亦起盎前說曰陛下爲愼夫人適所以禍之也獨不見人豕乎上大悅人豕解見皇后紀武帝納東方朔宣室之正武帝爲館陶公主私人董偃置酒宣室東方朔爲大中大夫諫曰不可夫宣室者先帝之正處也非法度之正不得入焉上曰善更置酒北宮元帝容薛廣德自刎之切元帝酎祭宗廟出便門欲御樓船御史大夫薛廣德當車免冠諫曰宜從橋詔曰大

夫冠廣德曰陛下不聽臣臣自刎以血汙車輪帝乃從橋

昔晉平公問於叔向曰國家之患孰爲大對曰大臣重祿不極諫小臣畏罪不敢言下情不上通此患之大者公曰善於是下令曰吾欲進善有謁而不通罪至死此已上皆見新序今明詔崇高宗之德高宗殷王武丁也有雉登鼎耳而雊懼而修德位以永年推宋景之誠史記曰宋景公時熒惑守心星太史子韋請移之大臣國人與歲公皆不聽天感其誠熒惑爲之退三舍也引咎克躬諮訪羣吏言事者見杜根成翊世等新蒙表錄顯列二臺謂杜根爲侍御史成翊世爲尚書郎也必承風響應爭爲切直若嘉謀異策宜輒納用如其管穴妄有譏刺管穴言小也史記扁鵲曰若以管窺天以隙視文隙即穴也雖苦口逆耳不得事實且優游寬容以示聖朝無諱之美若有道之士對問高者宜垂省覽特遷一等以廣直言之路書御有詔拜有道高第士沛國施延爲侍中延後位至太尉謝承書曰延字君子蘄縣人也少爲諸生明於五經星官風角靡有不綜家貧母老周流傭賃常避地於廬江臨湖縣種瓜後到吴郡海鹽取卒月直賃作半路亭父以養其母是時吴會未分山陰馮敷爲督郵到縣延持帚往敷知其賢者下車謝使入亭請與飲食脫衣與之餉餞不受順帝徵拜太尉年七十六薨常侍江京李閏等皆爲列侯共秉權任帝又愛信阿

毋王聖封爲野王君忠內懷懼懣而未敢陳諫乃作搢紳先生論以諷文多故不載搢插也紳大帶也自帝卽位以後頻遭元二之戹元二解見鄧騭傳百姓流亡盜賊並起郡縣更相飾匿莫肯糾發更相文飾隱匿盜賊也忠獨以爲憂上疏曰臣聞輕者重之端小者大之源故隄潰蟻孔氣泄鍼芒韓子曰千丈之隄以螻蟻之穴而潰黃帝素問曰鍼頭如芒氣出如筐也是以明者愼微智者識幾書曰小不可不殺尚書康誥曰有厥罪小乃不可不殺詩云無縱詭隨以謹無良詩大雅也言詭詐委隨之人不可縱宜卽罪之用謹敕不善之人也蓋所以崇本絕末鉤深之慮也臣竊見元年以來盜賊連發攻亭劫掠多所傷殺夫穿窬不禁則致彊盜論語孔子曰色厲而內荏其猶穿窬之盜乎彊盜不斷則爲攻盜攻盜成羣必生大姦故亡逃之科憲令所急至於通行飲食罪致大辟通行飲食猶今律云過致資給與同罪也飲音蔭食音寺而頃者以來莫以爲憂州郡督錄怠慢長吏防禦不肅皆欲採獲虛名諱以盜賊爲負雖有發覺不務淸澄至有逞威濫怒無辜僵仆或有跼蹐比伍轉相賦斂

說文曰蹐小步也言蹐身小步畏吏之甚也或隨吏追赴周章道路是以盜發之家不敢申告鄰舍比里共相壓迮迮迫也或出私財以償所亡其大章著不可掩者乃肯發露陵遲之漸遂且成俗寇攘誅咎皆由於此寇攘寇盜攘竊也尚書曰無敢寇攘也前年勃海張伯路可爲至戒覆車之軌其迹不遠蓋失之末流求之本源宜糾增舊科以防來事自今彊盜爲上官若它郡縣所糾覺一發部吏皆正法上官謂郡府也若及也部吏謂督郵游徼也正法依法也尉貶秩一等令長三月奉贖罪二發尉免官令長貶秩一等三發以上令長免官便可撰立科條處爲詔文切敕刺史嚴加糾罰冀以猛濟寬驚懼姦慝頃季夏大暑而消息不協前書音義曰息卦曰太陽消卦曰太陰其餘雜卦曰少陰少陽寒氣錯時水涌爲變天之降異必有其故所舉有道之士可策問國典所務王事過差令處煖氣不效之意庶有讜言以承天誡元初三年有詔大臣得行三年喪服闋還職忠因此上言孝宣皇帝舊令人從軍屯及給事

縣官者大父母死未滿三月皆勿徭令得葬送請依此制太后從之至建光中尚書令祝諷〔祝或作被〕尚書孟布等奏以爲孝文皇帝定約禮之制〔約儉也孝文皇帝崩遺詔薄葬以日易月凡三十六日釋服後以爲故事〕光武皇帝絕告寧之典〔前書音義曰告寧休謁之名吉曰告凶曰寧古者名吏休假曰告吏二千石有予告賜告予告在官有功法所當得也賜告病三月當免天子優賜其告使帶印綬將官屬歸家養疾也〕貽則萬世誠不可改宜復建武故事忠上疏曰臣聞之孝經始於愛親終於哀戚上自天子下至庶人尊卑貴賤其義一也夫父母於子同氣異息一體而分三年乃免於懷抱先聖緣人情而著其節制服二十五月是以春秋臣有大喪君三年不呼其門閔子雖要絰服事以赴公難退而致位以究私恩故稱君使之非也臣行之禮也〔自此已上至臣有大喪並公羊傳之文也閔子騫孔子弟子也遭喪君使之從軍騫乃要絰而服以從軍役事了退家致位喪次極盡私恩故君使之雖非臣從君命有禮也〕周室陵遲禮制不序蓼莪之人作詩自傷曰缾之罄矣惟罍之恥〔小雅蓼莪之詩也蓼蓼長大貌也莪蘿也言孝子憂思中心不精不識莪蘿誤以爲蒿也其詩曰蓼蓼者莪匪莪伊蒿哀哀父母生我劬勞缾之罄矣惟罍之恥注云缾小而罍大也罄盡也缾小而盡罍大而盈

言爲罍恥者刺幽王不使富分貧衆恤寡也言己不得終竟子道者亦上之恥也高祖受命蕭何創制大臣有寧告之科合於致憂之義論語曾子曰吾聞夫子人未有自致者也必也親喪乎建武之初新承大亂凡諸國政多趣簡易大臣既不得告寧而羣司營祿念私鮮循三年之喪以報顧復之恩者禮義之方實爲彫損大漢之興雖承衰敝而先王之制稍以施行故籍田之耕起於孝文文帝二年詔曰農天下之本也其開籍田也孝廉之貢發於孝武武帝元光元年初令郡國舉孝廉郊祀之禮定於元成元帝成帝時匡衡韋玄成定迭毀郊祀之禮也三雍之序備於顯宗三雍明堂辟雍靈臺也雍和也解見明紀也大臣終喪成乎陛下謂安帝詔大臣得行三年喪也聖功美業靡以尚茲孟子有言老吾老以及人之老幼吾幼以及人之幼天下可運於掌言敬吾老亦敬人之老愛吾幼亦愛人之幼有敬愛之心則天下歸順之也運掌言易也臣願陛下登高北望以甘陵之思揆度臣子之心則海內咸得其所甘陵安帝母陵陵在清河故言北望也宦豎不便之竟寢忠奏而從諷布議遂著于令忠以久次轉爲僕射時帝數遣黃門常侍及中使伯榮往

來甘陵（伯榮帝乳母王聖女也）而伯榮負寵驕蹇所經郡國莫不迎爲禮謁又霖雨積時河水涌溢百姓騷動忠上疏曰臣聞位非其人則庶事不敘庶事不敘則政有得失政有得失則感動陰陽妖變爲應陛下每引災自厚不責臣司臣司狃恩莫以爲負（狃音女九反詩曰將叔無狃注云狃習也言屢被恩貸不以災變爲憂負也）故天心未得隔并屢臻（隔并謂水旱不節也尚書曰一極備凶一極亡凶并音必姓反）青冀之域淫雨漏河（漏溢也）徐岱之濱海水盆溢兗豫蝗蝝滋生（蝝蝗子也）荊揚稻收儉薄并涼二州羌戎叛戾加以百姓不足府帑虛匱自西徂東杼柚將空（杼柚謂機也小雅大東詩曰小東大東杼柚其空也）臣聞洪範五事一曰貌貌以恭恭作肅貌傷則狂而致常雨（洪範五行傳辭）春秋大水皆爲君上威儀不穆臨莅不嚴臣下輕慢貴倖擅權陰氣盛彊陽不能禁故爲淫雨陛下以不得親奉孝德皇園廟（孝德皇安帝父清河王慶也）比遣中使致敬甘陵朱軒軿馬相望道路可謂孝至矣（朱軒車使者所乘軿竝也）然臣竊聞使者所過威權翕赫震動郡縣王

矦二千石至爲伯榮獨拜車下儀體上僭侔於人主長吏惶怖譴責或邪諂自媚發人修道繕理亭傳多設儲跱徵役無度儲積也跱具也老弱相隨動有萬計賂遺僕從人數百匹頓踣呼嗟莫不叩心河閒託叔父之屬河閒王開安帝叔也淸河有陵廟之尊淸河王延平也陵廟所在故曰尊及剖符大臣皆猥爲伯榮屈節車下陛下不問必曰陛下欲其然也伯榮之威重於陛下陛下之柄在於臣妾水災之發必起於此昔韓嫣託副車之乘受馳視之使江都誤爲一拜而嫣受歐刀之誅韓嫣弓高矦之孫也得幸於武帝武帝獵上林中先使嫣乘副車從數十百騎馳視獸江都王望見以爲天子伏謁道傍嫣驅不見王怒爲皇太后泣言太后銜之後嫣出入永巷以姦聞太后賜嫣死也臣願明主嚴天元之尊正乾剛之位天元猶乾元也易曰大哉乾元也職事巨細皆任賢能不宜復令女使干錯萬機重察左右得無石顯泄漏之姦石顯字君房少時坐法腐刑爲中書令元帝委以政事公卿畏之重足一迹顯恐天子一旦納用左右閒己乃取一言爲驗上嘗使至諸官徵發先白上恐漏盡宮門閉請詔開門上許之顯故投夜還詔開宮門後果有上書告顯矯詔開宮門天子聞之笑顯泣曰陛下過私小臣屬任以事羣下無不嫉妒欲陷害者唯明主能知之上以爲然而憐之尚書納言得無趙昌譖崇

之詐（鄭崇哀帝時爲尚書僕射數諫爭帝不許尚書令趙昌佞諂因奏崇與宗族通疑有姦上怒下崇獄死獄中也）公卿大臣得無朱博阿傅之援（哀帝時博爲丞相承傅太后指奏免大司馬傅喜哀帝怒下博獄自殺）外屬近戚得無王鳳害商之謀（成帝舅王鳳爲大將軍專權驕僭王商爲丞相論議不能平鳳陰求商短使人上書告商閨門內事商坐免王商宣帝舅樂昌侯王武之子非成帝舅成都侯也）若國政一由帝命王事每決於己則下不得偪上臣不得干君常雨大水必當霽止（霽止也）四方眾異不能爲害書奏不省時三府任輕機事專委尚書而災眚變咎輒切免公台（切責也）忠以爲非國舊體上疏諫曰臣聞君使臣以禮臣事君以忠（論語孔子對魯定公之辭也）故三公稱曰冢宰王者待以殊敬在輿爲下御坐爲起（漢舊儀云皇帝見丞相起謁者贊稱曰皇帝爲丞相起立乃坐皇帝在道丞相迎謁者贊稱曰皇帝爲丞相下輿立乃升車）入則參對而議政事出則監察而董是非（董督也）漢典舊事丞相所請靡有不聽今之三公雖當其名而無其實選舉誅賞一由尚書尚書見任重於三公陵遲以來其漸久矣臣忠心常獨不安是故臨事戰懼不敢穴見有所興造（穴見言不廣也）又不敢希意同僚以謬平典

而謗讟曰聞罪足萬死近以地震策免司空陳襃襃字伯仁廬江人也今者災異復欲切讓三公昔孝成皇帝以妖星守心移咎丞相使賁麗納說方進方進自引卒不蒙上天之福成帝時熒惑守心議郎李尋奏記丞相翟方進曰唯君侯盡節轉凶方進憂不知所出有郎賁麗善爲星言大臣宜當之上乃召見方進賜養牛上尊酒令審處焉方進即日自殺賁音肥徒乖宋景之誠解見前文言景公有災身自引咎成帝不然故曰徒也故知是非之分較然有歸矣又尚書決事多違故典罪法無例詆欺爲先文慘言醜有乖章憲宜責求其意割而勿聽上順國典下防威福置方員於規矩審輕重於衡石衡秤衡也三十斤爲鈞四鈞爲石也誠國家之典萬世之法也忠意常在褒崇大臣待下以禮其九卿有疾使者臨問加賜錢布皆忠所建奏頃之遷尚書令延光三年拜司隸校尉糾正中官外戚賓客近倖憚之不欲忠在內明年出爲江夏太守復留拜尚書令會疾卒初太尉張禹司徒徐防欲與忠父寵共奏追封和熹皇后父護羌校尉鄧訓寵以先世無奏請故事爭之連

曰不能奪及從二府議又訓追加封謚禹防復約寵俱遣子奉禮於虎賁中郎將鄧騭寵不從騭心不平之故忠不得志於鄧氏及騭等敗衆庶多冤之而忠數上疏陷成其惡遂詆劾大司農朱寵順帝之爲太子廢也諸名臣來歷祋諷等守闕固爭時忠爲尚書令與諸尚書復共劾奏之及帝立司隸校尉虞詡追奏忠等罪過當世以此譏焉

論曰陳公居理官則議獄緩死相幼主則正下僭寵可謂有宰相之器矣忠能承風亦庶乎明慎用刑而不留獄然其聽狂易殺人開父子兄弟得相代死斯大謬矣是則不善人多幸而善人常代其禍進退無所措也

贊曰陳郭主刑人賴其平寵矜枯胔躬斷以情忠用詳密損益有程程品式也謂彊盜發敗黜令長各有科條故曰程也施于孫子且公且卿施延也音羊豉反

郭陳列傳第三十六

後漢書四十六

班梁列傳第三十七

後漢書四十七

唐章懷太子賢注

班超字仲升扶風平陵人徐令彪之少子也爲人有大志不修細節然內孝謹居家常執勤苦不恥勞辱有口辯而涉獵書傳（涉如涉水獵如獵獸言不能周悉粗窺覽之也東觀記曰超持公羊春秋多所窺覽）永平五年兄固被召詣校書郎（校書郎解見班固傳）超與母隨至洛陽家貧常爲官傭書以供養久勞苦嘗輟業投筆歎曰大丈夫無它志略猶當效傅介子張騫立功異域以取封侯安能久事筆研閒乎（傅介子北地人昭帝時使西域刺殺樓蘭王封義陽侯張騫漢中人武帝時鑿空開西域封博望侯續漢書作久弄筆研乎華嶠書作久事筆耕乎研音硯）左右皆笑之超曰小子安知壯士志哉其後行詣相者曰祭酒布衣諸生耳（一坐所尊則先祭酒今稱祭酒相尊敬之詞也）而當封侯萬里之外超問其狀相者指曰生燕頷虎頸飛而食肉此萬里侯相也久之顯宗問固卿弟安在固對爲官寫書受直以養老母帝乃除超爲蘭臺令史（續漢志曰蘭臺

令史六人秩百石掌書劾奏及印主文書後坐事免官十六年奉車都尉竇固出擊匈奴以超為假司馬將兵別擊伊吾戰於蒲類海多斬首虜而還伊吾匈奴中地名在今伊州納職縣界前書音義曰蒲類匈奴中海名在敦煌北也固以為能遣與從事郭恂俱使西域超到鄯善鄯善本西域樓蘭國也昭帝元鳳四年改為鄯善去陽關一千六百里去長安六千一百里也鄯善王廣奉超禮敬甚備後忽更疎懈超謂其官屬曰寧覺廣禮意薄乎此必有北虜使來狐疑未知所從故也明者覩未萌況已著邪乃召侍胡詐之曰匈奴使來數日今安在乎侍胡惶恐具服其狀超乃閉侍胡悉會其吏士三十六人與共飲酒酣因激怒之曰卿曹與我俱在絕域曹輩也欲立大功以求富貴今虜使到裁數日而王廣禮敬即廢如令鄯善收吾屬送匈奴骸骨長為豺狼食矣為之奈何官屬皆曰今在危亡之地死生從司馬超曰不入虎穴不得虎子當今之計獨有因夜以火攻虜使彼不知我多少必大震怖可殄盡也滅此虜則鄯善破

膽功成事立矣眾曰當與從事議之超怒曰吉凶決於今日從事文俗吏聞此必恐而謀泄死無所名非壯士也眾曰善初夜遂將吏士往奔虜營會天大風超令十人持鼓藏虜舍後約曰見火然皆當鳴鼓大呼餘人悉持弓弩夾門而伏超乃順風縱火前後鼓譟虜眾驚亂超手格殺三人吏兵斬其使及從士三十餘級餘眾百餘人悉燒死東觀記曰斬得匈奴節使屋賴帶副使比離支首及節也明日乃還告郭恂恂大驚既而色動超知其意舉手曰掾雖不行班超何心獨擅之乎恂乃悅超於是召鄯善王廣以虜使首示之一國震怖超曉告撫慰遂納子爲質還奏於竇固固大喜具上超功效并求更選使使西域帝壯超節詔固曰吏如班超何故不遣而更選乎今以超爲軍司馬令遂前功超復受使固欲益其兵超曰願將本所從三十餘人足矣如有不虞多益爲累是時于窴王廣德新攻破莎車遂雄張南

道于窴國去長安九千六百七十里南與婼羌西與姑墨接莎車國去長安九千九百五十里西域南北有大山中央有河東西六千餘里東至玉門陽關有兩道從鄯善傍南山北波河西行至莎車爲南道雄張猶熾盛也張音丁亮反波傍也波音詖而匈奴遣使監護其國超既西先至于窴廣德禮意甚疎且其俗信巫巫言神怒何故欲向漢漢使有騧馬急求取以祠我廣德乃遣使就超請馬續漢及華嶠書騧字並作騩說文馬淺黑色也音京媚反超密知其狀報許之而令巫自來取馬有頃巫至超即斬其首以送廣德因辭讓之廣德素聞超在鄯善誅滅虜使大惶恐即攻殺匈奴使者而降超超重賜其王以下因鎮撫焉時龜茲王建爲匈奴所立倚恃虜威據有北道攻破疎勒殺其王龜茲國居居延城去長安七千四百八十里南與精絕東與且末北與烏孫西與姑墨接前書音義龜茲音丘慈今龜音丘勿反茲音沮惟反蓋急言耳自車師前王庭隨北山波河西行至疏勒爲北道疏勒國居疏勒城去長安九千三百五十里也而立龜茲人兜題爲疏勒王明年春超從間道至疏勒去兜題所居槃橐城九十里逆遣吏田慮先往降之敕慮曰兜題本非疏勒種國人必不用命若不即降便可執之慮既到兜題見慮輕弱殊無降意

慮因其無備遂前劫縛兜題左右出其不意皆驚懼奔走慮馳報超超卽赴之悉召疏勒將吏說吕龜茲無道之狀因立其故王兄子忠爲王 續漢書曰求得故王兄子榆勒立之更名曰忠也 國人大悅忠及官屬皆請殺兜題超不聽欲示吕威信釋而遣之疏勒由是與龜茲結怨十八年帝崩焉耆吕中國大喪 焉耆國居員渠城去長安七千三百里北與烏孫接 遂攻沒都護陳睦超孤立無援而龜茲姑墨數發兵攻疏勒 姑墨國王居南城去長安八千一百五十里 超守槃橐城與忠爲首尾士吏單少拒守歲餘肅宗初卽位吕陳睦新沒恐超單危不能自立下詔徵超超發還疏勒舉國憂恐其都尉黎弇曰漢使棄我我必復爲龜茲所滅耳誠不忍見漢使去因吕刀自剄超還至于寘王矦吕下皆號泣曰依漢使如父母誠不可去互抱超馬腳不得行超恐于寘終不聽其東又欲遂本志乃更還疏勒疏勒兩城自超去後復降龜茲而與尉頭連兵 尉頭國居尉頭谷去長安八千六百五十里南與疏勒接衣服類烏孫也

超捕斬反者擊破尉頭殺六百餘人疏勒復安建初三年超率疏勒康居于寘拘彌兵一萬人攻姑墨石城破之康居國去長安萬二千三百里不屬都護斬首七百級超欲因此叵平諸國叵猶遂也乃上疏請兵曰臣竊見先帝欲開西域故北擊匈奴西使外國鄯善于寘卽時向化今拘彌莎車疏勒月氏烏孫康居復願歸附欲共并力破滅龜兹平通漢道若得龜兹則西域未服者百分之一耳臣伏自惟念卒伍小吏實願從谷吉效命絶域庶幾張騫棄身曠野谷吉長安人丞之父也元帝時爲衛司馬使送郅支單于侍子爲郅支所殺張騫武帝時爲郎使月氏爲匈奴所閉留之十餘歲乃亡走大宛窮急卽射禽獸給食昔魏絳列國大夫尚能和輯諸戎魏絳晉大夫晉悼公時山戎使孟樂如晉因魏絳納虎豹之皮請和諸戎公悅使魏絳盟諸戎事見左傳輯亦和也況臣奉大漢之威而無鉛刀一割之用乎賈誼曰莫邪爲鈍兮鉛刀爲銛楚詞曰捐棄大阿寶鉛刀兮前世議者皆曰取三十六國號爲斷匈奴右臂前書曰漢遣公主爲烏孫夫人結爲昆弟則是斷匈奴右臂也哀帝時劉歆上議曰武帝時立五屬國起朔方伐朝鮮起玄菟樂浪以斷匈奴之左臂也西伐大宛結烏孫裂匈奴之右臂南面以西爲右也今西域諸國自日之所入莫不化向西域傳曰自條支國乘水西行可百餘日

近日所入也大小欣欣貢奉不絕唯焉耆龜茲獨未服從臣前與官屬三十六人奉使絕域備遭艱戹自孤守疏勒於今五載胡夷情數臣頗識之問其城郭小大皆言倚漢與依天等以是效之則葱領可通效猶驗也西河舊事曰葱領山其上多葱因以爲名葱領通則龜茲可伐今宜拜龜茲侍子白霸爲其國王以步騎數百送之與諸國連兵歲月之間龜茲可禽以夷狄攻夷狄計之善者也前書晁錯曰以蠻夷攻蠻夷中國之利也臣見莎車疏勒田地肥廣草木饒衍不比敦煌鄯善間也敦煌今涼州縣兵可不費中國而糧食自足且姑墨溫宿二王特爲龜茲所置溫宿國王居溫宿城去長安八千三百五十里既非其種更相厭苦其埶必有降反若二國來降則龜茲自破願下臣章參考行事誠有萬分死復何恨臣超區區特蒙神靈竊冀未便僵仆目見西域平定陛下舉萬年之觴詩曰躋彼公堂稱彼兕觥萬壽無疆前書兒寬傳曰臣寬再拜上千萬歲壽薦勳祖廟布大喜於天下薦進也勳功也左氏傳曰反行飲至舍爵策勳焉書奏帝知其功可成議欲給兵

平陵人徐幹素與超同志，上疏願奮身佐超。五年，遂以幹為假司馬，將弛刑及義從千人就超。先是莎車以為漢兵不出，遂降於龜茲，而疏勒都尉番辰番音潘，下同。亦復反叛。會徐幹適至，超遂與幹擊番辰，大破之，斬首千餘級，多獲生口。超既破番辰，欲進攻龜茲。以烏孫兵彊，宜因其力，乃上言：「烏孫大國，控弦十萬，故武帝妻以公主，烏孫國居赤谷城，去長安八千九百里。武帝元封中，以江都王女細君為公主，以妻烏孫，贈送甚盛，烏孫以為右夫人。至孝宣皇帝，卒得其用。西域傳曰：宣帝即位，烏孫遣使上書言匈奴連發大兵侵擊烏孫，欲隔絕漢。烏孫願發國中精兵五萬騎，盡力擊匈奴，唯天子出兵以救公主。漢大發十五萬騎，五將軍分道並出。烏孫以五萬騎從西方入，至右谷蠡王庭，獲四萬餘級，馬牛羊七千餘萬。今可遣使招慰，與共合力。」帝納之。八年，拜超為將兵長史，假鼓吹幢麾。將兵長史，解見和帝紀。平帝元始二年，使謁者大司馬掾持節行邊兵，遣執金吾候陳茂假以鉦鼓。古今樂錄曰：「橫吹，胡樂也。張騫入西域，傳其法於長安，唯得摩訶兜勒一曲。李延年因之更造新聲二十八解，乘輿以為武樂。後漢以給邊將，萬人將軍得之。在俗用者有黃鵠、隴頭、出關、入關、出塞、入塞、折楊柳、黃覃子、赤之楊、望行人十曲。」劉熙釋名曰：「幢，童也。其貌童童然。」蔡邕月令章句曰：「羽，鳥翼也，以為旌幢麾也。」橫吹、麾幢皆大將所有，超非大將，故言假。以徐幹為軍司馬，別遣衞候李邑護送烏孫使者，賜大小昆彌以下錦帛。前書曰：烏孫國王先號昆莫，名獵驕靡後書昆彌云後代取昆字靡彌聲相近音有輕重耳昆莫既死子孫爭國漢今立元貴靡爲大昆彌烏就屠爲小昆彌賜印綬故有大小昆彌之號焉李邑始到于寘而值龜茲攻疏勒恐懼不敢前因上書陳西域之功不可成又盛毀超擁愛妻抱愛子安樂外國無內顧心超聞之歎曰身非曾參而有三至之讒恐見疑於當時矣三至解見寇榮傳遂去其妻帝知超忠乃切責邑曰縱超擁愛妻抱愛子思歸之士千餘人何能盡與超同心乎令邑詣超受節度詔超若邑任在外者便留與從事超即遣邑將烏孫侍子還京師徐幹謂超曰邑前親毀君欲敗西域今何不緣詔書留之更遣他吏送侍子乎超曰是何言之陋也以邑毀超故今遣之內省不疚何恤人言疚病也恤憂也論語孔子曰內省不疚夫何憂何懼左氏傳曰詩云禮儀不愆何恤乎人之言詩謂逸詩也快意留之非忠臣也明年復遣假司馬和恭等四人將兵八百詣超超因發疏勒于寘兵擊莎車莎車陰通使疏勒王忠啖以重利謂多以珍寶誘引之啖音徒濫反前書高祖令陸賈往說秦將啗以利啗與啖同忠遂反從之西保烏即城超乃

更立其府丞成大爲疏勒王悉發其不反者以攻忠積半歲而康居遣精兵救之超不能下是時月氏新與康居婚相親超乃使使多齎錦帛遺月氏王令曉示康居王康居王乃罷兵執忠以歸其國烏即城遂降於超後三年忠說康居王借兵還據損中損中未詳東觀記作頓中續漢及華嶠書並作損中本或作植未知孰是也密與龜茲謀遣使詐降於超超內知其姦而外僞許之忠大喜即從輕騎詣超超密勒兵待之爲供張設樂供音居用反張音竹亮反酒行乃叱吏縛忠斬之因擊破其衆殺七百餘人南道於是遂通明年超發于窴諸國兵二萬五千人復擊莎車而龜茲王遣左將軍發溫宿姑墨尉頭合五萬人救之超召將校及于窴王議曰今兵少不敵其計莫若各散去于窴從是而東長史亦於此西歸可須夜鼓聲而發陰緩所得生口龜茲王聞之大喜自以萬騎於西界遮超溫宿王將八千騎於東界徼于窴超知二虜已出密召

諸部勒兵雞鳴馳赴莎車營胡大驚亂奔走追斬五千餘級大獲其馬畜財物莎車遂降龜茲等因各退散自是威震西域初月氏嘗助漢擊車師有功是歲貢奉珍寶符拔師子續漢書曰符拔形似麟而無角因求漢公主超拒還其使由是怨恨永元二年月氏遣其副王謝將兵七萬攻超超衆少皆大恐超譬軍士曰月氏兵雖多然數千里踰葱領來非有運輸何足憂邪但當收穀堅守彼飢窮自降不過數十日決矣謝遂前攻超不下又鈔掠無所得超度其糧將盡必從龜茲求救乃遣兵數百於東界要之謝果遣騎齎金銀珠玉以賂龜茲超伏兵遮擊盡殺之持其使首以示謝謝大驚卽遣使請罪願得生歸超縱遣之月氏由是大震歲奉貢獻明年龜茲姑墨溫宿皆降乃以超爲都護徐幹爲長史拜白霸爲龜茲王遣司馬姚光送之超與光共脅龜茲廢其王尤利多而立白霸使光將尤利多

還詣京師超居龜茲它乾城徐幹屯疏勒西域唯焉耆危須尉犂以前沒都護懷二心其餘悉定六年秋超遂發龜茲鄯善等八國兵合七萬人及吏士賈客千四百人討焉耆兵到尉犂界而遣曉說焉耆尉犂危須曰都護來者欲鎮撫三國即欲改過向善宜遣大人來迎當賞賜王侯已下（大人謂其酋豪）事畢即還今賜王綵五百匹焉耆王廣遣其左將北鞬支奉牛酒迎超（鞬音九言反）超詰鞬支曰汝雖匈奴侍子而今秉國之權都護自來王不以時迎皆汝罪也或謂超可便殺之超曰非汝所及此人權重於王今未入其國而殺之遂令自疑設備守險豈得到其城下哉於是賜而遣之廣乃與大人迎超於尉犂奉獻珍物焉耆國有葦橋之險廣乃絕橋不欲令漢軍入國超更從它道厲度（由帶以上爲厲由膝以下爲揭見爾雅也）七月晦到焉耆去城二十里止營大澤中廣出不意大恐乃欲悉驅其人共入山保焉耆

左候元孟先嘗質京師密遣使以事告超超卽斬之示不信用乃期大會諸國王因揚聲當重加賞賜於是焉耆王廣尉犁王汎及北鞬支等三十人相率詣超其國相腹久等十七人懼誅皆亡入海十七字本或爲七十而危須王亦不至坐定超怒詰廣曰危須王何故不到腹久等所緣逃亡遂叱吏士收廣汎等於陳睦故城斬之傳首京師因縱兵鈔掠斬首五千餘級獲生口萬五千人馬畜牛羊三十餘萬頭更立元孟爲焉耆王超留焉耆半歲慰撫之於是西域五十餘國悉皆納質內屬焉明年下詔曰往者匈奴獨擅西域寇盜河西永平之末城門晝閉先帝深愍邊甿嬰羅寇害乃命將帥擊右地破白山臨蒲類西河舊事曰白山之中有好木匈奴謂之天山去蒲類海百里郭義恭廣志曰西域有白山通歲有雪亦名雪山破白山見明紀也取車師城郭諸國震慴響應遂開西域置都護而焉耆王舜舜子忠獨謀悖逆恃其險隘覆沒都護幷及吏士先帝重元元之命憚

兵役之興故使軍司馬班超安集于窴㠯西超遂踰蔥領迄縣度迄至也縣度山名縣音玄謂以繩索縣縋而過也其處在皮山國以西罽賓國之東也出入二十二年莫不賓從改立其王而綏其人不動中國不煩戎士得遠夷之和同異俗之心而致天誅蠲宿恥㠯報將士之讎致猶至也蠲除也司馬法曰賞不踰月欲人速覩爲善之利也其封超爲定遠矦邑千戶東觀記曰其以漢中郡南鄭之西鄉戶千封超爲定遠矦故城在今洋州西鄉縣南超自㠯久在絕域年老思土十二年上疏曰臣聞太公封齊五世葬周狐死首丘代馬依風禮記曰太公封於營丘比及五世皆反葬于周君子曰樂樂其所自生禮不忘其本古之人有言曰狐死正丘首仁也鄭玄注曰正丘首丘也代代郡名在趙北韓詩外傳曰代馬依北風飛鳥揚故巢也夫周齊同在中土千里之閒況於遠處絕域小臣能無依風首丘之思哉蠻夷之俗畏壯侮老案前書曰匈奴其俗壯者食肥美老者食其餘貴壯健賤老弱也臣超犬馬齒殲常恐年衰奄忽僵仆孤魂棄捐昔蘇武留匈奴中尚十九年今臣幸得奉節帶金銀護西域金銀謂印也金印紫綬銀印青綬也如自㠯壽終屯部誠無所恨然恐後世或名臣爲沒西域臣不敢望

到酒泉郡但願生入玉門關〔玉門關在敦煌郡今沙州也去長安三千六百里關在敦煌縣西北酒泉今肅州也去長安二千八百五十里也〕臣老病衰困冒死瞽言謹遣子勇隨獻物入塞〔東觀記曰時安息遣使獻大爵師子超遣子勇隨入塞也〕及臣生在令勇目見中土而超妹同郡曹壽妻昭亦上書請超曰妾同產兄西域都護定遠侯超幸得以微功特蒙重賞爵列通侯位二千石天恩殊絕誠非小臣所當被蒙超之始出志捐軀命冀立微功以自陳效會陳睦之變道路隔絕超以一身轉側絕域曉譬諸國因其兵衆每有攻戰輒爲先登身被金夷〔夷傷也〕不避死亡賴蒙陛下神靈且得延命沙漠至今積三十年骨肉生離不復相識所與相隨時人士衆皆已物故超年最長今且七十衰老被病頭髮無黑兩手不仁〔不仁猶不遂也〕耳目不聰明扶杖乃能行雖欲竭盡其力以報塞天恩迫於歲暮犬馬齒索蠻夷之性悖逆侮老而超旦暮入地久不見代恐開姦宄之源生逆亂之心而卿大夫咸懷一

切莫肯遠慮如有卒暴超之氣力不能從心便爲上損國家累世之功下棄忠臣竭力之用誠可痛也故超萬里歸誠自陳苦急延頸踰望三年於今未蒙省錄（踰遥也高祖踰謂黥布曰何苦而反）妾竊聞古者十五受兵六十還之（周禮卿大夫職曰國中七尺以及六十野自六尺以及六十有五皆征之征謂賦稅從征役也韓詩外傳曰二十行役六十免役與周禮國中同卽知一與周禮七尺同禮國中六十免役野卽六十有五晚於國中五年國中七尺從役野六尺卽是野又早於國中五年七尺謂二十六尺卽十五也此言十五受兵謂據野外爲言六十還之據國中爲說也）亦有休息不任職也緣陛下以至孝理天下得萬國之歡心不遺小國之臣況超得備侯伯之位故敢觸死爲超求哀匄超餘年（匄乞也）一得生還復見闕庭使國永無勞遠之慮西域無倉卒之憂超得長蒙文王葬骨之恩子方哀老之惠（葬骨解見明紀田子方魏文侯之師也見君之老馬棄之曰少盡其力老而棄之非仁也於是收而養之事見史記也）詩云民亦勞止汔可小康惠此中國以綏四方（詩大雅也汔其也康綏皆安也言先施恩惠於中國然後乃安四方）超有書與妾生訣恐不復相見妾誠傷超以壯年竭忠孝於沙漠疲老則便捐死於曠野誠可哀憐如不蒙救護

超後有一旦之變冀幸超家得蒙趙母衛姬先請之貸趙母謂趙奢之妻趙括之母也懼括敗先請得不坐事見史記衛姬者齊桓公之姬桓公與管仲謀伐衛桓公入姬請衛之罪事見列女傳也妄愚戇不知大義觸犯忌諱書奏帝感其言乃徵超還超在西域三十一年十四年八月至洛陽拜爲射聲校尉超素有胸脅疾既至病遂加帝遣中黃門問疾賜醫藥其九月卒年七十一朝廷愍惜焉使者弔祭贈賵甚厚子雄嗣初超被徵以戊己校尉任尚爲都護與超交代尚謂超曰君侯在外國三十餘年而小人猥承君後任重慮淺宜有以誨之超曰年老失智任君數當大位豈班超所能及哉必不得已願進愚言塞外吏士本非孝子順孫皆以罪過徙補邊屯而蠻夷懷鳥獸之心難養易敗今君性嚴急水清無大魚察政不得下和家語孔子曰水至清則無魚人至察則無徒宜蕩佚簡易寬小過總大綱而已超去後尚私謂所親曰我以班君當有奇策今所言平平耳尚至數年而西域反亂以罪

被徵如超所戒有三子長子雄累遷屯騎校尉會叛羌寇三輔詔雄將五營兵屯長安就拜京兆尹雄卒子始嗣尚清河孝王女陰城公主主順帝之姑貴驕淫亂與嬖人居帷中而召始入使伏牀下始積怒永建五年遂拔刃殺主帝大怒腰斬始同產皆棄市超

少子勇

勇字宜僚少有父風永初元年西域反叛以勇爲軍司馬與兄雄俱出敦煌迎都護及西域甲卒而還因罷都護後西域絶無漢吏十餘年元初六年敦煌太守曹宗遣長史索班將千餘人屯伊吾車師前王及鄯善王皆來降班後數月北單于與車師後部遂共攻沒班進擊走前王略有北道鄯善王急求救於曹宗宗因此請出兵五千人擊匈奴報索班之恥因復取西域鄧太后召勇詣朝堂會議先是公卿多以爲宜閉玉門關遂棄西域勇上議曰昔孝

武皇帝患匈奴彊盛兼總百蠻以逼障塞於是開通西域離其黨與論者以爲奪匈奴府藏斷其右臂遭王莽篡盜徵求無厭胡夷忿毒遂以背叛光武中興未遑外事故匈奴負彊驅率諸國及至永平再攻敦煌河西諸郡城門晝閉孝明皇帝深惟廟策古者謀事必就祖故言廟策也乃命虎臣出征西役毛詩曰進厥虎臣闞如虓虎故匈奴遠遁邊境得安及至永元莫不內屬會閒者羌亂西域復絕北虜遂遣責諸國備其逋租高其價直嚴以期會鄯善車師皆懷憤怨思樂事漢其路無從前所以時有叛者皆由牧養失宜還爲其害故也今曹宗徒恥於前負欲報雪匈奴而不尋出兵故事未度當時之宜也夫要功荒外萬無一成若兵連禍結悔無及已況今府藏未充師無後繼是示弱於遠夷暴短於海內臣愚以爲不可許也舊敦煌郡有營兵三百人今宜復之復置護西域副校尉居於敦煌如永元故事又

宜遣西域長史將五百人屯樓蘭西當焉耆龜茲徑路南彊鄯善于寘心膽北扞匈奴東近敦煌如此誠便尚書問勇曰今立副校尉何以爲便又置長史屯樓蘭利害云何勇對曰昔永平之末始通西域初遣中郎將居敦煌後置副校尉於車師旣爲胡虜節度又禁漢人不得有所侵擾故外夷歸心匈奴畏威今鄯善王尤還尤還王名漢人外孫若匈奴得志則尤還必死此等雖同鳥獸亦知避害若出屯樓蘭足以招附其心愚以爲便長樂衛尉鐔顯廷尉綦毋參司隸校尉崔據難曰朝廷前所以棄西域者以其無益於中國而費難供也今車師已屬匈奴鄯善不可保信一旦反覆班將能保北虜不爲邊害乎以勇爲軍司馬故以將言將音子亮反勇對曰今中國置州牧者以禁郡縣姦猾盜賊也若州牧能保盜賊不起者臣亦願以要斬保匈奴之不爲邊害也今通西域則虜埶必弱虜埶必弱則爲患微矣

孰與歸其府藏續其斷臂哉今置校尉㠯扞撫西域設長史㠯招
懷諸國若棄而不立則西域望絶望絶之後屈就北虜緣邊之郡
將受困害恐河西城門必復有晝閉之儆矣今不廓開朝廷之德
而拘屯戍之費若北虜遂熾豈安邊久長之策哉太尉屬毛軫難
曰今若置校尉則西域駱驛遣使求索無厭與之則費難供不與
則失其心一旦爲匈奴所迫當復求救則爲役大矣勇對曰今設
㠯西域歸匈奴而使其恩德大漢不爲鈔盜則可矣如其不然則
因西域租入之饒兵馬之衆㠯擾動緣邊是爲富仇讎之財增暴
夷之埶也置校尉者宣威布德㠯繫諸國內向之心㠯疑匈奴覬
覦之情而無財費耗國之慮也且西域之人無它求索其來入者
不過稟食而已今若拒絶埶歸北屬夷虜并力㠯寇并涼則中國
之費不止千億置之誠便於是從勇議復敦煌郡營兵三百人置

西域副校尉居敦煌雖復羈縻西域然亦未能出屯其後匈奴果數與車師共入寇鈔河西大破其害延光二年夏復以勇爲西域長史將兵五百人出屯柳中（柳中今西州縣）明年正月勇至樓蘭以鄯善歸附特加三綬而龜茲王白英猶自疑未下勇開以恩信白英乃率姑墨溫宿自縛詣勇降勇因發其兵步騎萬餘人到車師前王庭擊走匈奴伊蠡王於伊和谷收得前部五千餘人於是前部始復開通還屯田柳中四年秋勇發敦煌張掖酒泉六千騎及鄯善疏勒車師前部兵擊後部王軍就大破之（軍就名也）首虜八千餘人馬畜五萬餘頭捕得軍就及匈奴持節使者將至索班沒處斬之以報其恥傳首京師永建元年更立後部故王子加特奴爲王勇又使別校誅斬東且彌王亦更立其種人爲王（且音子余反）於是車師六國悉平其冬勇發諸國兵擊匈奴呼衍王呼衍王亡走其衆二萬餘人皆

降捕得單于從兄勇使加特奴手斬之吕結車師匈奴之隙北單于自將萬餘騎入後部至金且谷勇使假司馬曹俊馳救之單于引去俊追斬其貴人骨都矦於是呼衍王遂徙居枯梧河上是後車師無復虜跡城郭皆安唯焉耆王元孟未降二年勇上請攻元孟於是遣敦煌太守張朗將河西四郡兵三千人配勇（河西四郡金城敦煌張掖酒泉）因發諸國兵四萬餘人分騎爲兩道擊之勇從南道朗從北道約期俱至焉耆而朗先有罪欲徼功自贖遂先期至爵離關遣司馬將兵前戰首虜二千餘人元孟懼誅逆遣使乞降張朗徑入焉耆受降而還元孟竟不肯面縛唯遣子詣闕貢獻朗遂得免誅勇以後期徵下獄免後卒于家

梁慬字伯威（慬音勤）北地弋居人也（弋居縣名郡國志曰有鐵官）父諷歷州宰永元元年車騎將軍竇憲出征匈奴除諷爲軍司馬令先齎金帛使北單

于寘國威德其歸附者萬餘人後坐失憲意髡輸武威武威太守承旨殺之竇氏既滅和帝知其爲憲所誣徵慬除爲郎中慬有勇氣常慷慨好功名初爲車騎將軍鄧鴻司馬再遷延平元年拜西域副校尉慬行至河西會西域諸國反叛攻都護任尚於疏勒尚上書求救詔慬將河西四郡羌胡五千騎馳赴之慬未至而尚已得解會徵尚還以騎都尉段禧爲都護西域長史趙博爲騎都尉禧博守它乾城它乾城小慬以爲不可固乃譎說龜茲王白霸欲入其保其城白霸許之吏人固諫白霸不聽慬既入遣將急迎禧博合軍八九千人龜茲吏人竝叛其王而與溫宿姑墨數萬兵反共圍城慬等出戰大破之連兵數月胡衆敗走乘勝追擊凡斬首萬餘級獲生口數千人駱駝畜產數萬頭龜茲乃定而道路尚隔檄書不通歲餘朝廷憂之公卿議者以爲西域阻遠數有背叛吏

士屯田其費無已永初元年遂罷都護遣騎都尉王弘發關中兵迎慬禧博及伊吾盧柳中屯田吏士二年春還至敦煌會衆羌反叛朝廷大發兵西擊之逆詔慬留爲諸軍援慬至張掖日勒（日勒縣名屬張掖郡故城在今甘州删丹縣東南）羌諸種萬餘人攻亭候殺略吏人慬進兵擊大破之乘勝追至昭武（昭武縣名屬張掖郡故城在今甘州張掖縣西北也）虜遂散走其能脫者十二三及至姑臧羌大豪三百餘人詣慬降並慰譬遣還故地河西四郡復安慬受詔當屯金城聞羌轉寇三輔迫近園陵即引兵赴擊之轉戰武功美陽關（美陽縣名故城在武功縣北七里於其所置關）慬臨陣破創不顧連破走之盡還得所掠生口獲馬畜財物甚衆羌遂奔散朝廷嘉之數璽書勞勉委以西方事令爲諸軍節度三年冬南單于與烏桓大人俱反以大司農何熙行車騎將軍事中郎將龐雄爲副將羽林五校營士及發緣邊十郡兵二萬餘人（緣邊十郡謂五原雲中定襄鴈門朔方代郡上谷漁陽遼西右北平）又遼東太守耿夔

率將鮮卑種衆共擊之詔慬行度遼將軍事龐雄與耿夔共擊匈奴奥鞬日逐王破之單于乃自將圍中郎將耿种於美稷連戰數月攻之轉急种移檄求救明年正月慬將八千餘人馳往赴之至屬國故城與匈奴左將軍烏桓大人戰破斬其渠帥殺三千餘人虜其妻子獲財物甚衆單于復自將七八千騎迎攻圍慬慬被甲奔擊所向皆破虜遂引還虎澤三月何熙軍到五原曼柏曼柏縣名屬五原郡暴疾不能進遣龐雄與慬及耿种步騎萬六千人攻虎澤連營稍前單于惶怖遣左奥鞬日逐王詣慬乞降慬乃大陳兵受之單于脫帽徒跣面縛稽顙納質會熙卒于師卽拜慬度遼將軍龐雄還爲大鴻臚雄巴郡人有勇略稱爲名將明年安定北地上郡皆被羌寇穀貴人流不能自立詔慬發邊兵迎三郡太守使將吏人徙扶風界慬卽遣南單于兄子優孤塗奴將兵迎之既還慬以塗奴

接其家屬有勞輒授以羌侯印綬坐專擅徵下獄抵罪明年校書郎馬融上書訟慬與護羌校尉龐參有詔原刑語在龐參傳會叛羌寇三輔關中盜賊起拜慬謁者將兵擊之至湖縣病卒

何熙字孟孫陳國人少有大志永元中爲謁者身長八尺五寸善爲威容贊拜殿中音動左右和帝偉之擢爲御史中丞歷司隸校尉大司農及在軍臨歿遺言薄葬三子臨瑾阜臨瑾並有政能阜儁才早歿臨子衡爲尚書以正直稱坐訟李膺等下獄免官廢于家

論曰時政平則文德用而武略之士無所奮其力能故漢世有發憤張膽爭膏身於夷狄以要功名多矣祭肜耿秉啓匈奴之權班超梁慬奮西域之略卒能成功立名享受爵位薦功祖廟勒勳于後亦一時之志士也

贊曰定遠慷慨專功西遐坦步蔥雪咫尺龍沙蔥領雪山白龍堆沙漠也八寸曰咫坦步言不以爲艱咫尺言不以爲遠也慬亦抗憤勇乃負荷左傳曰其父析薪其子弗克負荷言勇能繼超之功業

班梁列傳第三十七　　漢書四十七

楊李翟應霍爰徐列傳第三十八　後漢書四十八

唐章懷太子賢注

楊終字子山，蜀郡成都人也。年十三爲郡小吏，太守奇其才，遣詣京師受業，習春秋。袁山松書曰：時蜀郡有雷震決曹，終上白記，以爲斷獄煩苛所致。太守乃令終賦雷電之意而奇之也。顯宗時，徵詣蘭臺，拜校書郎。建初元年，大旱穀貴，終以爲廣陵、楚、淮陽、濟南之獄，徙者萬數，又遠屯絕域，吏民怨曠，乃上疏曰：「臣聞『善善及子孫，惡惡止其身』，百王常典，不易之道也。春秋昭公二十年，曹公孫會自鄸出奔宋。公羊傳曰：畔也。曷爲不言畔？爲公子喜時之後諱也。春秋爲賢者諱也。何賢乎公子喜時？讓國也。君子善善也長，惡惡也短。惡惡止其身，善善及子孫。賢者子孫，故君子爲之諱。秦政酷烈，違牾天心，一人有罪，延及三族。前書音義曰：父族、母族、妻族也。高祖平亂，約法三章。太宗至仁，除去收孥。太宗，文帝也。史記曰：文帝德至盛也，豈不仁哉！除去收孥相坐之律也。萬姓廓然，蒙被更生，澤及昆蟲，功垂萬世。陛下聖明，德被四表。今以比年久旱，災疫未息，災字或作牛疫病也。躬自菲薄，廣訪失得，三代之隆，無以加焉。臣竊按春秋水旱之變，皆應暴急惠不下流自永平以來仍連大獄有司窮考轉相牽引掠拷冤濫家屬徙邊加以北征匈奴西開三十六國頻年服役轉輸煩費又遠屯伊吾樓蘭車師戊己民懷土思怨結邊域傳曰安土重居謂之衆庶元帝詔曰安土重遷黎人之性也昔殷民近遷洛邑且猶怨望尚書盤庚序曰盤庚五遷將治亳殷人咨胥怨亳今河南偃師故曰近遷洛邑何況去中土之肥饒寄不毛之荒極乎毛草也爾雅曰觚竹北戶西王母日下謂之四荒又曰東至于泰遠西至於邠國南至於濮鉛北至於祝栗謂之四極言不毛荒極直論遠耳非必此地也且南方暑溼障毒互生愁困之民足以感動天地移變陰陽矣陛下留念省察以濟元元書奏肅宗下其章司空第五倫亦同終議太尉牟融司徒鮑昱校書郎班固等難倫以施行既久孝子無改父之道先帝所建不宜回異終復上書曰秦築長城功役繁興胡亥不革卒亡四海故孝元棄珠崖之郡光武絶西域之國不以介鱗易我衣裳元帝初元三年珠崖郡反待詔賈捐之以爲宜棄珠崖救人飢餓乃罷珠崖郡光武二十一年鄯善車師王等十六國皆遣子入侍請都護帝以中國初定未遑外事還其侍子厚加賞賜介鱗喻遠夷言其人與魚鼈無異

也衣裳謂中國也楊雄法言曰珠崖之絕埔之之力也否則鱗介易我衣裳魯文公毀泉臺春秋譏之曰先祖為之而已毀之不如勿居而已以其無妨害於民也公羊傳曰毀泉臺何以書譏爾築之譏毀之譏先祖為之而已毀之勿居而已也襄公作三軍昭公舍之君子大其復古以為不舍則有害於民也公羊傳曰襄公十一年作三軍三軍者何三卿也昭公五年傳曰舍中軍舍中軍者何復古也言舍之與留量時制宜也今伊吾之役樓蘭之屯久而未還非天意也帝從之聽還徙者悉罷邊屯終又言宣帝博徵羣儒論定五經於石渠閣方今天下少事學者得成其業而章句之徒破壞大體宜如石渠故事永為後世則於是詔諸儒於白虎觀論考同異焉會終坐事繫獄博士趙博校書郎班固賈逵等以終深曉春秋學多異聞表請之終又上書自訟即日貰出乃得與於白虎觀焉與音預後受詔刪太史公書為十餘萬言時太后兄衞尉馬廖謹篤自守不訓諸子終與廖交善以書戒之曰終聞堯舜之民可比屋而封桀紂之民可比屋而誅事見陸賈新語何者堯舜

為之隄防桀紂示之驕奢故也詩曰皎皎練絲在所染之（逸詩也皎皎白貌也墨子曰墨子見染絲者歎曰染於蒼則蒼染於黃則黃故染不可不慎也）上智下愚謂之不移中庸之流要在教化春秋殺太子母弟直稱君甚惡之者坐失教也（公羊傳曰晉侯殺其太子申生曷為直稱晉侯曰以殺其太子母弟直稱君者甚之也）禮制人君之子年八歲為置少傅教之書計以開其明十五置太傅（大戴禮曰古者八歲出就外舍學小藝焉履小節焉又曰為置三少曰少保少傅少師是與太子宴者也禮記內則曰十年出就外傅居宿於外學書計也）教之經典以道其志漢興諸侯王不力教誨多觸禁忌故有亡國之禍而乏嘉善之稱今君位地尊重海內所望豈可不臨深履薄以為至戒黃門郎年幼血氣方盛（廖子防及光俱為黃門郎孔子曰及其壯也血氣方剛戒之在鬬也）既無長君退讓之風（文帝竇后兄長君弟廣國字少君此兩人所出微絳灌等選長者之有節行者與之居長君少君由此為退讓君子不敢以富貴驕人也）而要結輕狡無行之客縱而莫誨視成任性（馬防傳曰兄弟貴盛賓客奔湊四方畢至數百餘人皆為包容也）鑒念前往可為寒心君侯誠宜以臨深履薄為戒廖不納子豫後坐縣書誹謗（縣音懸）廖以就國終兄鳳為郡吏太守廉范為州所考遣鳳候

終終爲范游說坐徙北地益部耆舊傳曰終徙於北地望松縣而母於蜀物故終自傷被罪充邊乃作晨風之詩以舒其憤也帝東巡狩鳳皇黃龍竝集終贊頌嘉瑞上述祖宗鴻業凡十五章奏上詔貰還故郡著春秋外傳十二篇改定章句十五萬言永元十二年徵拜郎中已病卒袁山松書曰侍中賈逵薦終博達忠直徵拜郎中及卒賜錢二十萬

李法字伯度漢中南鄭人也博通羣書性剛而有節和帝永元九年應賢良方正對策除博士遷侍中光祿大夫歲餘上疏以爲朝政苛碎違永平建初故事宦官權重椒房寵盛又譏史官記事不實後世有識尋功計德必不明信坐失旨下有司免爲庶人還鄉里杜門自守故人儒生時有候之者言談之次問其不合上意之由法未嘗應對友人固問之法曰鄙夫可與事君乎哉苟患失之無所不至此以上論語孔子之言也鄭玄注云無所不至謂諂佞邪媚無所不爲也孟子有言夫仁者如射正己而後發發而不中不怨勝己者反諸身而已矣孟子公孫丑篇之言也反諸身而已言克己自責不責人也

在家八年，徵拜議郎諫議大夫正言極辭無改於舊出爲汝南太守政有聲迹後歸鄉里卒于家

翟酺字子超廣漢雒人也 雒屬廣漢郡漳山雒水所出南入湔故城在今雒縣南湔音子田反 四世傳詩酺好老子尤善圖緯天文歷算㠯報舅讎當徙日南亡於長安爲卜相工後牧羊涼州遇赦還仕郡徵拜議郎遷侍中時尚書有缺詔將大夫六百石㠯上試對政事天文道術㠯高第者補之酺自恃能高而忌故太史令孫懿恐其先用乃往候懿旣坐言無所及唯涕泣流連懿怪而問之酺曰圖書有漢賊孫登將㠯才智爲中官所害觀君表相似當應之 春秋保乾圖曰漢賊臣名孫登大形小口長七尺九寸巧用法多技方詩書不用賢人杜口也 酺受恩接悽愴君之禍耳懿憂懼移病不試 移病謂作文移而稱病也 由是酺對第一拜尚書時安帝始親政事追感祖母宋貴人悉封其家又元舅耿寶及皇后兄弟閻顯等竝用威權酺上疏諫曰臣聞微子佯狂而去殷叔

孫通背秦而歸漢，彼非自疎其君，時不可也。臣荷殊絶之恩，蒙值不諱之政，豈敢雷同受寵，而以戴天履地？雷之發聲，物皆同應。言無是非者，謂之雷同。禮記曰：「毋雷同。」左傳曰：「君履后土而戴皇天也。」伏惟陛下應天履祚，歷值中興，當建太平之功，而未聞致化之道。蓋遠者難明，請以近事徵之。昔竇、鄧之寵，傾動四方，兼官重紱，盈金積貨，至使議弄神器，改更社稷。神器謂天位也。老子曰：「天下神器不可爲也。」竇憲出入禁中，得幸太后，圖爲殺害。帝知其謀，誅之。鄧太后崩，宮人告鄧悝、鄧弘等取廢帝故事，謀立平原王。得帝聞，遂免鄧氏爲庶人也。豈不以執尊威廣，以致斯患乎？及其破壞，頭顙墮地，願爲孤豚，豈可得哉！莊子曰：「或聘莊子，莊子謂其使曰：『子見夫犧牛乎？衣以文繡，食以芻菽，及其牽而入于太廟，欲爲孤犢，其可得乎？』」此作豚，不同也。夫致貴無漸，失必暴；受爵非道，殃必疾。今外戚寵幸，功均造化，漢元以來，未有等比。陛下誠仁恩周洽，以親九族。然祿去公室，政移私門，覆車重尋，寧無摧折？賈誼曰：「諺云：『前車覆，後車誡也。』」而朝臣在位，莫肯正議，翕翕訾訾，更相佐附。詩小雅曰：「翕翕訾訾，亦孔之哀。」毛傳曰：「翕翕然患其上，訾訾然不思稱職。」爾雅曰：「翕翕訾訾，莫供職也。」訾音將徙反。訿與訾古字通。臣恐威權外假，歸之良難，虎翼一奮，卒不可制韓詩外傳曰無爲虎傅翼將飛入邑擇人而食夫置不肖之人於位是爲虎傅翼也故孔子曰吐珠於澤誰能不含春秋保乾圖曰臣功大者主威偎權并族害已姦行吐珠於澤誰能不含諭君之權柄外假則必競取以爲己利猶珠出於澤中誰能不含取以爲己寶也吐猶出也老子稱國之利器不可以示人老子道經曰魚不可脫於泉國之利器不可示人河上公注曰利器謂權道也理國權道不可以示執事之臣此最安危之極戒社稷之深計也夫儉德之恭政存約節左氏傳魯大夫御孫曰儉德之恭侈惡之大也故文帝愛百金於露臺飾帷帳於皁囊文帝嘗欲作露臺計直百金曰百金中人十家之產何以臺爲遂止不作又東方朔曰文帝集上書囊以爲殿帷或有譏其儉者上曰朕爲天下守財耳豈得妄用之哉至倉穀腐而不可食錢貫朽而不可校今自初政已來日月未久費用賞賜已不可算斂天下之財積無功之家帑藏單盡民物雕傷卒有不虞復當重賦百姓怨叛既生危亂可待也昔成王之政周公在前召公在後畢公在左史佚在右四子挾而維之目見正容耳聞正言一日即位天下曠然言其法度素定也今陛下有成王之尊而無數子之佐雖欲崇雍熙致太平其可得乎自去年已

來災譴頻數地坼天崩高岸爲谷修身恐懼則轉禍爲福輕慢天戒則其害彌深願陛下親自勞卹研精致思勉求忠貞之臣誅遠佞諂之黨損玉堂之盛尊天爵之重孟子曰公卿大夫人爵也仁義禮智信天爵也割情欲之歡罷宴私之好帝王圖籍陳列左右心存亡國所以失之鑒觀興王所以得之庶災害可息豐年可招矣書奏不省而外戚寵臣咸畏惡之延光三年出爲酒泉太守叛羌千餘騎徙敦煌來鈔郡界酺赴擊斬首九百級羌衆幾盡威名大震遷京兆尹順帝即位拜光祿大夫遷將作大匠損省經用歲息四五千萬經常也屢因災異多所匡正益部耆舊傳曰時詔問酺陰陽失序水旱隔并其設銷復興濟之本酺上奏陳圖書之意曰漢四百年將有弱主閉門聽難之禍數在三百年之間宜升歷改憲行先王至德要道奉率時禁抑損奢侈宣明質樸以延四百年之難帝從之由是權貴共誣酺及尚書令高堂芝等交通屬託坐減死歸家復被章云酺前與河南張楷等謀反逮詣廷尉及杜眞等上書訟之事得明釋卒於家益部耆舊傳曰杜眞字孟宗廣漢緜竹人也少有孝行習易春秋誦百萬言兄事同

郡翟酺酺後被繫獄眞上檄章救酺繫獄吿六百竟免酺難京師莫不壯之著援神鉤命解詁十二篇援神契鉤命決皆孝經緯篇名也詁音古初酺之爲大匠上言孝文皇帝始置五經博士武帝建元五年始置五經博士文帝之時未遑庠序之事酺之此言不知何據武帝大合天下之書武帝詔曰其令禮官勸學舉遺興禮舉遺謂搜求遺逸是合天下之書也而孝宣論六經於石渠學者滋盛弟子萬數宣帝甘露三年詔諸儒講五經於殿中兼平公羊穀梁同異上親臨決焉時更崇穀梁傳故此言六經也石渠閣名昭帝時博士弟子員百人宣帝末增倍之元帝時詔無置弟子員以廣學者故言以萬數也光武初興愍其荒廢起太學博士舍內外講堂諸生橫卷爲海內所集明帝時辟雍始成欲毀太學太尉趙熹以爲太學辟雍皆宜兼存故並傳至今而頃者頹廢至爲園採芻牧之處宜更修繕誘進後學帝從之酺免後遂起太學更開拓房室學者爲酺立碑銘於學云

應奉字世叔汝南南頓人也曾祖父順字華仲和帝時爲河南尹將作大匠公廉約已明達政事華嶠書曰華仲少給事郡縣爲吏淸公不發私書舉孝廉尚書郎轉右丞遷冀州刺史廉直無私遷東平相賞罰必信吏不敢犯有梓樹生於廳事室上事後母至孝衆以爲孝感之應時竇憲出屯河西刺史二千石皆遣子弟奉賂遺憲憲敗後咸被繩黜順獨不在其中由是顯名爲將作大匠

視事五年省費億萬汝南記曰華仲妻本是汝南鄧元義前妻也元義父伯考爲尚書僕射元義還鄉里妻留事姑甚謹姑憎之幽閉空室節其飲食羸露日困妻終無怨言後伯考怪而問之時義子朗年數歲言母不病但苦饑耳伯考流涕曰何意親姑反爲此禍因遣歸家更嫁爲華仲妻仲爲將作大匠妻乘朝車出元義於路傍觀之謂人曰此我故婦非有他過家夫人遇之實酷本自相貴其子朗時爲郎母與書皆不荅與衣裳輒以燒之母不以介意意欲見之乃至親家李氏堂上令人以它詞請朗朗至見母再拜涕泣因起出母追謂之曰我幾死自爲汝家所棄我何罪過乃如此耶因此遂絕也生十子皆有才學中子疊江夏太守疊生彬武陵太守彬生奉奉少聰明自爲童兒及長凡所經履莫不暗記讀書五行並下爲郡決曹史行部四十二縣錄囚徒數百千人及還太守備問之奉口說罪繫姓名坐狀輕重無所遺脫時人奇之謝承書曰奉少爲上計吏許訓爲計掾俱到京師訓自發鄉里在路晝頓莫宿所見長吏賓客亭長吏卒奴僕訓皆密疏姓名欲試奉還郡出疏示奉奉云前食潁川綸氏都亭亭長胡奴名祿以飲漿來何不在疏坐中皆驚又云奉年二十時嘗詣彭城相袁賀賀時出行閉門造車匠於內開扇出半面視奉奉即委去後數十年於路見車匠識而呼之著漢書後序多所述載袁山松書曰奉又刪史記漢書及漢記三百六十餘年自漢興至其時凡十七卷名曰漢事大將軍梁冀舉茂才先是武陵蠻詹山等四千餘人反叛執縣令屯結連年詔下公卿議四府舉奉才堪將帥四府解見皇后紀永興元年拜武陵太守到官慰納山等皆悉降散

於是興學校，舉側陋，政稱變俗。坐公事免。延熹中，武陵蠻復寇亂荆州，車騎將軍馮緄以奏有威恩，爲蠻夷所服，上請與俱征，拜從事中郎。謝承書曰：時詔奏曰：「蠻夷叛逆，作難積惡，放恣鑊中之魚，火熾湯盡，當悉燋爛，以副國恥。朝廷以奏昔守南土，威名播越，故復式序，重任奏之，瘳輿期在於今。賜奏錢十萬，駁犀方具劍、金錯把刀劍、革帶各一。奏其勉之。」奏勸設方略，賊破軍罷，緄推功於奏，薦爲司隸校尉。糾舉姦違，不避豪戚，以嚴厲爲名。及鄧皇后敗，而田貴人見幸，桓帝有建立之議。奏以田氏微賤，不宜超登后位，上書諫曰：「臣聞周納狄女，襄王出居于鄭；左傳：襄王將以狄女爲后，富辰諫曰：「不可。狄固貪惏，王又啓之。」王不從。狄人伐周，襄王出奔。漢立飛燕，成帝胤嗣泯絕。母后之重，興廢所因。宜思關雎之所求，遠五禁之所忌。」韓詩外傳曰：婦人有五不娶：喪父之長女不娶，爲其不受命也；世有惡疾不娶，棄於天也；世有刑人不娶，棄於人也；亂家女不娶，類不正也；逆家子不娶，廢人倫也。帝納其言，竟立竇皇后。及黨事起，奏乃慨然以疾自退。追愍屈原，因以自傷，著感騷三十篇，數十萬言。諸公多薦舉，會卒。子劭。

劭字仲遠。謝承書曰：應世譜竝云字仲遠。續漢書文士傳作仲援，漢官儀又作仲瑗，未知孰是。少篤學，博覽多聞。靈帝時舉孝廉，辟車騎將軍何苗掾。中平二年，漢陽賊邊章、韓遂與羌胡爲寇，東侵三輔，時遣車騎將軍皇甫嵩西討之。嵩請發烏桓三千人。北軍中候鄒靖上言：「烏桓衆弱，宜開募鮮卑。」事下四府，大將軍掾韓卓議，以爲「烏桓兵寡，而與鮮卑世爲讎敵，若烏桓被發，則鮮卑必襲其家。烏桓聞之，當復棄軍還救。非唯無益於實，乃更沮三軍之情。鄒靖居近邊塞，究其態詐。若令靖募鮮卑輕騎五千，必有破敵之效」。劭駮之曰：「鮮卑隔在漠北，犬羊爲羣，無君長之帥，廬落之居，而天性貪暴，不拘信義，故數犯障塞，且無寧歲。唯至互市，乃來靡服。苟欲中國珍貨，非爲畏威懷德。計獲事足，旋踵爲害。是以朝家外而不內，蓋爲此也。朝家猶國家也。公羊傳曰：「春秋內諸夏而外夷狄也。」往者匈奴反叛，度遼將軍馬續、烏桓校尉王元發鮮卑五千餘騎，又武威太守趙沖亦率鮮卑征討叛羌。斬獲醜虜，旣不足言，而鮮卑越溢，多爲不法。裁以軍令則忿戾作亂制御小緩則陸掠殘害劫居人鈔商旅噉人牛羊掠人兵馬得賞既多不肯去復欲以物買鐵邊將不聽便取縑帛聚欲燒之邊將恐怖畏其反叛辭謝撫順無敢拒違今狡寇未殄而羌爲巨害如或致悔其可追乎臣愚以爲可募隴西羌胡守善不叛者簡其精勇多其牢賞牢稟食也或作勞勞功也太守李參沈靜有謀必能獎厲得其死力當思漸消之略不可倉卒望也韓卓復與劭相難反覆於是詔百官大會朝堂皆從劭議三年舉高第再遷六年拜太山太守初平二年黃巾三十萬衆入郡界劭糾率文武連與賊戰前後斬首數千級獲生口老弱萬餘人輜重二千兩賊皆退卻郡內以安興平元年前太尉曹嵩及子德從琅邪入太山劭遣兵迎之未到而徐州牧陶謙素怨嵩子操數擊之乃使輕騎追嵩德竝殺之於郡界劭畏操誅棄郡奔冀州牧袁紹初安帝時河閒

人尹次潁川人史玉皆坐殺人當死次兄初及玉母軍並詣官曹求代其命因縊而物故尚書陳忠以罪疑從輕議活次玉劭後追駮之據正典刑有可存者其議曰尚書稱天秩有禮五服五章哉天討有罪五刑五用哉而孫卿亦云凡制刑之本將以禁暴惡且懲其末也凡爵列官秩賞慶刑威皆以類相從使當其實也若德不副位能不稱官賞不酬功刑不應罪不祥莫大焉殺人者死傷人者刑此百王之定制有法之成科高祖入關雖尚約法然殺人者死亦無寬降夫時化則刑重時亂則刑輕犯化之罪爲重犯亂之罪爲輕書曰刑罰時輕時重此之謂也今次玉公以清時釋其私憾阻兵安忍僵屍道路阻持也左傳曰衛州吁阻兵而安忍朝恩在寬幸至冬獄而初軍愚狷妄自投斃昔召忽親死子糾之難而孔子曰經於溝瀆人莫之知召忽齊大夫子糾齊襄公之庶子也子糾與小白爭國子糾被殺召忽其傅也遂死之論語孔子論召忽曰豈若匹夫匹婦之爲諒也自經於溝瀆而莫之知也鼂氏之父非錯刻峻遂

能自隕其命班固亦云不如趙母指括吕全其宗前書鼂錯爲御史大夫改更律令諸侯諠譁錯父聞而非之曰劉氏安而鼂氏危矣遂飲藥而死史記曰趙母趙將馬服君趙奢之妻趙括之母也奢死趙欲以括爲將母謂趙王曰王以爲括如其父父子異心願王勿遣王曰吾計決矣括母曰王終將之卽有不稱妾得無隨乎王許諾及括敗王以母先言竟不誅也而班固引之以爲鼂錯贊辭傳曰僕妾感慨而致死者非能義勇顧無慮耳言僕妾之致死者顧無由計慮耳語見史記欒布傳贊也夫刑罰威獄吕類天之震燿殺戮也溫慈和惠吕放天之生殖長育也左傳鄭大夫游吉之謂是故春一草枯則爲災秋一木華亦爲異今殺無罪之初軍而活當死之次玉其爲枯華不亦然乎陳忠不詳制刑之本而信一時之仁遂廣引八議求生之端夫親故賢能功貴勤賓豈有次玉當罪之科哉周禮小司寇職鄭司農曰親宗室有罪先請也故謂舊知也賢謂有德行者能謂有道蓺者功謂有大勳也貴謂若今墨綬有罪先請也勤謂憔悴國事賓謂二王後若乃小大吕情原心定罪左傳曰小大之獄雖不能察必以情原心定罪解見霍諝傳也此爲求生非謂代死可吕生也敗法亂政悔其可追劭凡爲駮議三十篇皆此類也又刪定律令爲漢儀建安元年乃奏之曰夫國之大事莫尚載籍也載籍也者決嫌

疑明是非（禮記曰夫禮者決嫌疑明是非）賞刑之宜允獲厥中俾後之人永爲監焉故膠東相董仲舒老病致仕朝廷每有政議數遣廷尉張湯親至陋巷問其得失於是作春秋決獄二百三十二事動目經對言之詳矣逆臣董卓蕩覆王室典憲焚燎靡有孑遺開辟目來莫或茲酷（或有也）今大駕東邁巡省許都拔出險難其命維新臣累世受恩榮祚豐衍竊不自揆貪少云補輒撰具律本章句尚書舊事廷尉板令決事比例司徒都目五曹詔書（司徒即丞相也總領綱紀佐理萬機故有都目成帝初置尚書員五人漢舊儀有常侍曹二千石曹戶曹主客曹三公曹也）及春秋斷獄凡二百五十篇蠲去復重爲之節文（復音複重音直容反）又集駮議三十篇目類相從凡八十二事其見漢書二十五漢記四（即東觀記）皆刪敘潤色目全本體其二十六博採古今瓌瑋之事文章煥炳德義可觀其二十七臣所創造豈緊自謂必合道衷（緊音烏奚反緊猶是也）心焉憤邑聊目藉手（藉音自夜反）昔鄭人目乾鼠爲璞鬻之於周宋愚夫

亦寶燕石緹縉十重夫覩之者掩口盧胡而笑斯文之俗無乃類旃尹文子曰鄭人謂玉未琢者爲璞周人謂鼠未腊者爲璞周人遇鄭賈人曰欲買璞乎鄭賈曰欲之出璞視之乃鼠也因謝不取戰國策亦然今此乃云鄭人以乾鼠爲璞便與二説不同此云乾鼠彼云未腊事又差舛闞子曰宋之愚人得燕石梧臺之東歸而藏之以爲大寶周客聞而觀之主人父齋七日端冕之衣釁之以特牲革匱十重緹巾十襲客見之俛而掩口盧胡而笑曰此燕石也與瓦甓不殊主人父怒曰商賈之言豎匠之心藏之愈固守之彌謹旃之也縉音襲緹赤色繒也楚辭曰襲英衣兮緹縉謂鮮明之衣左氏實云雖有姬姜絲麻不棄憔悴菅蒯蓋所以代匱也左傳曰詩云雖有絲麻無棄菅蒯雖有姬姜無棄憔萃凡百君子莫不代匱杜預云逸詩也姬姜大國之女蕉萃陋賤之人蕉萃憔悴古字通是用敢露頑才廁于明哲之末雖未足綱紀國體宣洽時雍庶幾觀察增闡聖聽唯因萬機之餘暇遊意省覽焉獻帝善之二年詔拜劭爲袁紹軍謀校尉時始遷都於許舊章堙没書記罕存劭慨然嘆息乃綴集所聞著漢官禮儀故事凡朝廷制度百官典式多劭所立初父奉爲司隸時竝下諸官府郡國各上前人像贊劭乃連綴其名録爲狀人紀又論當時行事著中漢輯序撰風俗通以辯物類名號釋時俗嫌疑文雖不典後世

服其洽聞凡所著述百三十六篇又集解漢書皆傳于時後卒于鄴弟子瑒璩竝以文才稱華嶠書曰劭弟珣字季瑜司空掾珣生瑒魏志曰瑒字德璉瑒弟璩字休璉咸以文章顯也中興初有應嫗者生四子而寡見神光照社試探之乃得黃金自是諸子宦學竝有才名至瑒七世通顯應順將作大匠子疊江夏太守疊生郴武陵太守郴生奉從事中郎奉生劭車騎將軍掾劭弟珣司空掾珣子瑒曹操辟爲丞相掾

霍諝字叔智魏郡鄴人也少爲諸生明經有人誣諝舅宋光於大將軍梁商者以爲妄刊章文坐繫洛陽詔獄掠考困極諝時年十五奏記於商曰將軍天覆厚恩愍舅光冤結前者溫教許爲平議雖未下吏斷決其事已蒙神明顧省之聽皇天后土實聞德音竊獨踊躍私自慶幸諝聞春秋之義原情定過赦事誅意故許止雖弑君而不罪趙盾以縱賊而見書許止許悼公之子名止也公羊傳曰冬葬許悼公賊未討何以書葬不成乎弑也許悼公是止進藥而殺是以君子加弑焉葬許悼公是君子之赦止赦止者免止罪之辭也何休注云原止欲愈父之病無害父之意故赦之是原情定過也又曰晉史書趙盾弑其君趙盾曰天乎無辜吾不

弑君太史曰爾爲仁爲義人殺爾君而不討賊此非弑君如何此赦事誅意也此仲尼所吕垂王法漢世所宜遵前修也傳曰人心不同譬若其面左傳鄭子產謂子皮曰人心不同譬如面焉吾豈敢謂子面如吾面乎斯葢謂大小廞隆醜美之形至於鼻目衆竅毛髮之狀未有不然者也情之異者剛柔舒急倨敬之閒至於趨利避害畏死樂生亦復均也譖與光骨肉義有相隱言其冤濫未必可諒且吕人情平論其理光衣冠子孫徑路平易謂遵依常轍無所規求也位極州郡日望徵辟亦無瑕穢纖介之累無故刊定詔書欲吕何名就有所疑當求其便安豈有觸冒死禍吕解細微譬猶療飢於附子止渴於酖毒未入腸胃已絕咽喉豈可爲哉史記蘇秦曰飢人之所以飢而不食烏喙者以其愈充腹而與餓死者同患也附子烏喙根同而狀異也昔東海孝婦見枉不辜幽靈感革天應枯旱前書曰東海有孝婦少寡無子養姑甚謹姑欲嫁之終不肯姑告鄰人曰孝婦養我勤苦我老久累丁壯乃自經死姑女告吏曰婦殺我母吏驗之急孝婦自誣服具獄上府太守竟論殺婦郡中枯旱三年後太守至自祭孝婦墓天立大雨歲熟光之所坐情既可原守闕連年而終不見理呼嗟紫宮之門泣血兩觀之下天有紫微宮是上帝之所居也王者立宮象而

爲之兩觀謂闕也傷和致災爲害滋甚凡事更赦令不應復案夫以罪刑明白尚蒙天恩豈有冤謗無徵反不得理是爲刑宥正罪戮加誣侵也不偏不黨其若是乎明將軍德盛位尊人臣無二言行動天地舉厝移陰陽誠能留神沛然曉察必有于公高門之福于公東海人爲郡決曹決獄平其閭門壞父老共修之于公曰少高大門閭令容駟馬蓋車我決獄多有陰德子孫必有興者至子定國爲丞相孫永爲御史大夫和氣立應天下幸甚商高諝才志即爲奏原光罪由是顯名仕郡舉孝廉稍遷金城太守性明達篤厚能以恩信化誘殊俗甚爲羌胡所敬服遭母憂自上歸行喪服闋公車徵再遷北海相入爲尚書僕射是時大將軍梁冀貴戚秉權自公卿以下莫敢違啎諝與尚書令尹勳數奏其事又因陛見陳聞罪失及冀誅後桓帝嘉其忠節封鄴都亭侯前後固讓不許出爲河南尹遷司隸校尉轉少府廷尉卒官子儁安定太守

爰延字季平，陳留外黃人也。清苦好學，能通經教授。性質慤，少言辭。縣令隴西牛述好士知人，乃禮請延爲廷掾，范丹爲功曹，濮陽潛爲主簿，濮陽，姓也。常共言談而已。後令史昭以爲鄉嗇夫，仁化大行，人但聞嗇夫，不知郡縣。在事三年，州府禮請不就。桓帝時徵博士，太尉楊秉等舉賢良方正，再遷爲侍中。帝游上林苑，從容問延曰：「朕何如主也？」對曰：「陛下爲漢中主。」帝曰：「何以言之？」對曰：「尚書令陳蕃任事則化，中常侍黃門豫政則亂。是以知陛下可與爲善，可與爲非。」前書曰：齊桓公管仲相之則霸，豎貂輔之則亂，可與爲善，可與爲惡，是謂中人。帝曰：「昔朱雲廷折欄檻，今侍中面稱朕違，敬聞闕矣。」朱雲字游，成帝時上書求見，曰：「今朝廷大臣上不能匡主，下無以益人，臣願賜尚方斬馬劍，斷佞臣一人以厲其餘。」上問曰：「誰也？」對曰：「安昌侯張禹。」上大怒曰：「小臣廷辱師傅，罪死不赦。」御史將雲下，雲攀殿檻，折。雲呼曰：「臣從龍逢、比干遊于地下，足矣，未知朝廷如何耳！」上意乃解。及後當修檻，上曰：「勿易，因而輯之，以旌直臣。」拜五官中郎將，轉長水校尉，遷魏郡太守，徵拜大鴻臚。帝以延儒生，常特宴見。時太史令上言客星經帝坐，帝密以問延，延因上封事曰：

臣聞天子尊無爲上故天曰爲子位臨臣庶威重四海動静曰理則星辰順序意有邪僻則晷度錯違陛下曰河南尹鄧萬有龍潛之舊封爲通侯恩重公卿惠豐宗室加頃引見與之對博上下媟黷有虧尊嚴臣聞之帝左右者所曰咨政德也故周公戒成王曰其朋其朋言慎所與也尚書周公戒成王曰孺子其朋孺子其朋慎其往昔宋閔公與彊臣共博列婦人於側積此無禮曰致大災公羊經書宋萬弑其君捷傳曰宋萬嘗與魯莊公戰獲乎莊公歸舍諸宮中數月然後歸之與宋閔公博婦人在側萬曰甚矣魯侯之淑魯侯之美天下諸侯宜爲君者唯魯侯爾閔公矜此婦人妒其言顧曰此虜也魯侯之美惡乎至萬怒搏閔公絶其脰武帝與幸臣李延年韓嫣同卧起尊爵重賜情欲無厭遂生驕淫之心行不義之事卒延年被戮嫣伏其辜李延年中山人也身及父母兄弟皆故倡人也武帝時延年女弟得幸號曰李夫人延年善歌舞爲協律都尉佩二千石印綬與上卧起弟季與中人亂出入驕恣上遂誅延年兄弟韓嫣韓王信之曾孫也武帝爲王時與嫣相愛後位至上大夫賞賜擬鄧通與上卧起出入永巷以姦聞被誅夫愛之則不覺其過惡之則不知其善所曰事多放濫物情生怨故王者賞人必酬其功爵人必甄其德甄明也善人同處則日聞嘉訓

惡人從游則日生邪情孔子曰益者三友損者三友論語孔子曰友直友諒友多聞益矣友便僻友善柔友便佞損矣邪臣惑君亂妾危主以非所言則悅於耳以非所行則翫於目故令人君不能遠之仲尼曰唯女子與小人為難養近之則不遜遠之則怨蓋聖人之明戒也昔光武皇帝與嚴光俱寢上天之異其夕即見事見逸人傳夫以光武之聖德嚴光之高賢君臣合道尚降此變豈況陛下今所親幸以賤為貴以卑為尊哉惟陛下遠讒諛之人納謇謇之士除左右之權寤宦官之敝使積善日熙熙廣也佞惡消殄則乾災可除帝省其奏因以病自上乞骸骨還家靈帝復特徵不行病卒子驥白馬令亦稱善士謝承書曰與字驥

徐璆字孟玉璆音仇廣陵海西人也父淑度遼將軍有名於邊謝承書曰淑字伯進寬裕博學習孟氏易春秋公羊傳禮記周官善誦太公六韜交接英雄常有壯志璆少博學辟公府舉高第袁山松書曰璆少履清高立朝正色稱揚後進惟恐不及稍遷荊州刺史時董太后姊子張忠為南陽太守因埶放

濫臧罪數億璆臨當之部太后遣中常侍以忠屬璆璆對曰臣身爲國不敢聞命太后怒遽徵忠爲司隸校尉以相威臨璆到州舉奏忠臧餘一億使冠軍縣上簿詣大司農以彰暴其事又奏五郡太守及屬縣有臧汙者悉徵案罪威風大行中平元年與中郎將朱儁擊黃巾賊於宛破之張忠怨璆與諸閹官構造無端璆遂以罪徵有破賊功得免官歸家後再徵遷汝南太守轉東海相所在化行獻帝遷許以廷尉徵當詣京師道爲袁術所劫授璆以上公之位璆乃歎曰龔勝鮑宣獨何人哉守之必死龔勝字君賓楚人也好學明經哀帝時爲光祿大夫乞骸骨王莽即位遣使以上卿徵勝不食而死鮑宣字子都渤海人也哀帝時爲司隸校尉王莽輔政誅漢忠臣不附己者宣及何武等皆死術不敢逼術死軍破璆得其盜國璽及還許上之衛宏曰秦以前以金玉銀爲方寸璽秦以來天子獨稱璽又以玉羣下莫得用其玉出藍田山題是李斯書其文曰受命于天既壽永昌號曰傳國璽漢高祖定三秦子嬰獻之高祖即位乃佩之王莽篡位就元后求璽后乃出以投地上螭一角缺及莽敗時仍帶璽紱杜吳殺莽不知取璽公賓就斬莽首并取璽更始將李松送上更始赤眉至高陵更始奉璽上赤眉建武三年盆子奉以上光武孫堅從桂陽入雒討董卓軍於城南見井中有五色光軍人莫敢汲堅乃浚得璽袁術有僭

盜意乃拘堅妻求之術得璽舉以向肘魏武謂之曰我在不聽汝乃至此時璆得而獻之并送前所假汝南東海二郡印綬司徒趙溫謂璆曰君遭大難猶存此邪璆曰昔蘇武困於匈奴不墜七尺之節況此方寸印乎後拜太常使持節拜曹操為丞相操以相讓璆璆不敢當卒於官

論曰孫懿以高明見忌而受欺於陰計翟酺資譎數取通而終之以謇諫豈信智自有周偏先後之要殊度乎應氏七世才聞而奉劭采章為盛及撰著篇籍甄紀異知雖云小道亦有可觀者焉延璆應對辯正而不可犯陵上之尤斯固辭之不可已也左氏傳孔子曰辭之不可以已也如是夫子產有辭諸侯賴之

贊曰楊終李法華陽有聞益州古梁州之域尚書曰華陽黑水惟梁州孔安國注曰北拒華山之陽南拒黑水故常璩敘蜀事而謂之華陽國志焉二應克聰亦表汝濆鄭玄注周禮曰水涯曰濆翟酺詐懿霍諝請舅延能訐帝璆亦悟后

楊李翟應霍爰徐列傳第三十八　　後漢書四十八

王充王符仲長統列傳第三十九　後漢書四十九

唐章懷太子賢注

王充字仲任，會稽上虞人也。其先自魏郡元城徙焉。充少孤，鄉里稱孝。後到京師，受業太學，（袁山松書曰：充幼聰明，詣太學，觀天子臨辟雍，作六儒論。）師事扶風班彪。好博覽而不守章句。家貧無書，常游洛陽市肆，閱所賣書，一見輒能誦憶，遂博通衆流百家之言。後歸鄉里，屏居教授。仕郡爲功曹，以數諫爭不合去。充好論說，始若詭異，終有理實。以爲俗儒守文，多失其眞，乃閉門潛思，絕慶弔之禮，戶牖牆壁各著刀筆。著論衡八十五篇，二十餘萬言，（袁山松書曰：充所作論衡，中土未有傳者，蔡邕入吳始得之，恆祕玩以為談助。其後王朗爲會稽太守，又得其書，及還許下，時人稱其才進。或曰不見異人，當得異書。問之，果以論衡之益，由是遂見傳焉。抱朴子曰：時人嫌蔡邕得異書，或搜求其帳中隱處，果得論衡，抱數卷持去。邕丁寧之曰：唯我與爾共之，勿廣也。）釋物類同異，正時俗嫌疑。刺史董勤辟爲從事，轉治中，自免還家。友人同郡謝夷吾上書薦充才學，（謝承書曰：夷吾薦充曰：充之天才，非學所加，雖前世孟軻、孫卿，近漢揚雄、劉向、司馬遷，不能過也。）肅宗

特詔公車徵病不行年漸七十志力衰耗乃造養性書十六篇裁節嗜欲頤神自守永元中病卒于家

王符字節信安定臨涇人也少好學有志操與馬融竇章張衡崔瑗等友善安定俗鄙庶孽何休注公羊傳云孽賤也而符無外家為鄉人所賤自和安之後世務游宦當塗者更相薦引而符獨耿介不同於俗以此遂不得升進志意蘊憤乃隱居著書三十餘篇以譏當時失得不欲章顯其名故號曰潛夫論其指訐時短討讁物情訐攻也讁責也足以觀見當時風政著其五篇云爾

貴忠篇曰夫帝王之所尊敬者天也皇天之所愛育者人也今人臣受君之重位牧天之所愛焉可以不安而利之養而濟之哉是以君子任職則思利人達上則思進賢故居上而下不怨在前而後不恨也書稱天工人其代之王者法天而建官尚書咎繇謨曰亾曠庶官天工人其代之孔安

國注云言人代天理官不可以天官私非其才也又曰明王奉若天道建邦設都孔安國注云天有日月北斗五星二十八宿皆有尊卑相正之法言明王奉順此道以立國設都也故明主不敢以私授，忠臣不敢以虛受。竊人之財，猶謂之盜，況偷天官以私己乎！左傳介之推曰竊人之財猶謂之盜況貪天功以爲己力乎以罪犯人，必加誅罰，況乃犯天，得無咎乎？夫五世之臣，以道事君，五代謂唐虞夏殷周也澤及草木，仁被率土，是以福祚流衍，本支百世。詩大雅曰文王孫子本支百世季世之臣，以諂媚主，不思順天，專杖殺伐。白起、蒙恬，秦以爲功，天以爲賊；史記曰白起爲秦將與趙戰於長平阬趙卒四十五萬人蒙恬爲秦將北逐戎翟築長城起臨洮至遼東延袤萬餘里此爲虐於人也息夫、董賢，主以爲忠，天以爲盜。息夫躬字子微哀帝時告東平王雲事封宜陵侯董賢字聖卿得幸哀帝爲賢起大第於北闕下封爲高安侯易曰：「德薄而位尊，智小而謀大，鮮不及矣。」易繫辭之言是故德不稱，其禍必酷；能不稱，其殃必大。夫竊位之人，天奪其鑒。論語孔子曰臧文仲其竊位者歟左傳晉卜偃曰虢必亾矣天奪之鑒而益其疾也杜預注云鑒所以自照也雖有明察之資，仁義之志，一旦富貴，則背親捐舊，喪其本心，疏骨肉而親便辟，薄知友而厚犬馬，盜見朽貫千萬，而不忍貸人一錢，情知積粟腐倉，而不忍貸人一斗骨肉怨望於家細人謗讟於道前人以敗後爭襲之誠可傷也歷觀前政貴人之用心也與嬰兒子其何異哉嬰兒有常病貴臣有常禍父母有常失人君有常過嬰兒常病傷於飽也貴臣常禍傷於寵也哺乳多則生癇病富貴盛而致驕疾愛子而賊之驕臣而滅之者非一也極其罰者乃有仆死深牢銜刀都市趙將李牧爲韓蒼所譖賜死將自誅臂短不能及銜刀於柱以自殺見戰國策豈非無功於天有害於人者乎夫鳥以山爲埤而增巢其上魚以泉爲淺而穿穴其中卒所以得者餌也曾子之文也亦見大戴禮貴戚願其宅吉而制爲令名欲其門堅而造作鐵樞卒其所以敗者非苦禁忌少而門樞朽也常苦崇財貨而行驕僭耳不上順天心下育人物而欲任其私智竊弄君威反戾天地欺誣神明居累卵之危而圖太山之安爲朝露之行而思傳世之功朝露言易盡也蘇子曰人生一世若朝露之託於桐葉耳其與幾何豈不惑哉豈不惑哉

浮侈篇曰王者以四海爲家兆人爲子一夫不耕天下受其飢一婦不織天下受其寒文子曰神農之法曰丈夫丁壯不耕天下有受其飢者婦人當年不織天下有受其寒者故其耕不强者無以養生其織不力者無以衣形今舉俗舍本農趨商賈牛馬車輿塡塞道路游手爲巧充盈都邑游手爲巧謂雕鏤之屬也務本者少浮食者衆商邑翼翼四方是極詩商頌文也鄭玄注云極中也翼翼然可則效乃四方之中正也今察洛陽資末業者什於農夫虛僞游手什於末業是則一夫耕百人食之一婦桑百人衣之以一奉百孰能供之天下百郡千縣市邑萬數類皆如此本末不足相供則民安得不飢寒飢寒並至則民安能無姦軌姦軌繁多則吏安能無嚴酷嚴酷數加則下安能無愁怨愁怨者多則咎徵並臻下民無聊而上天降災則國危矣夫貧生於富弱生於强亂生於化危生於安富而不節則貧强而驕人則弱居理而不修德則亂恃安而不慎微則危矣是故明主之養民憂之勞之敎之誨之愼微防萌以斷其邪故易美節以制度不傷財不害民節以制度以下並節卦彖辭也鄭玄注云空府藏則

傷財力役繁則害人二者奢泰之所致七月之詩大小教之終而復始由此觀之人固不可恣也七月詩豳風也大謂耕桑之法小謂索綯之類自春及冬終而復始也今人奢衣服侈飲食事口舌而習調欺或以謀姦合任爲業合任謂相合爲任俠也或以游博持掩爲事博謂六博掩謂意錢也前書貨殖傳曰又況掘冢博掩犯姦成富也丁夫不扶犁鋤而懷丸挾彈攜手上山遨遊或好取土作丸賣之外不足禦寇盜內不足禁鼠雀或作泥車瓦狗諸戲弄之具以巧詐小兒此皆無益也詩刺不績其麻市也婆娑詩陳風也婆娑舞貌謂婦人於市中歌舞以事神也又婦人不修中饋休其蠶織易家人卦六二曰在中饋貞吉鄭玄注云中饋酒食也詩大雅曰婦無公事休其蠶織而起學巫祝鼓舞事神以欺誣細民熒惑百姓妻女羸弱疾病之家懷憂憤憤易爲恐懼至使奔走便時去離正宅崎嶇路側風寒所傷姦人所利盜賊所中或增禍重祟至於死亡而不知巫所欺誤反恨事神之晚此妖妄之甚者也或刻畫好繒以書祝辭或虛飾巧言希致福祚或糜折金綵令廣分寸或斷截眾縷繞帶手

腕或裁切綺縠縫紩成幡皆單費百縑用功千倍破牢爲僞昌易就難坐食嘉穀消損白日 損或作捐 夫山林不能給野火江海不能實漏巵皆所宜禁也昔孝文皇帝躬衣弋綈 前書音義曰弋厚也綈繒也 革舄韋帶而今京師貴戚衣服飲食車輿廬第奢過王制固亦甚矣且其徒御僕妾皆服文組綵牒 牒即今疊布也 錦繡綺紈葛子升越筩中女布 說文曰綺文繒也前書曰齊俗作冰紈子細稱也沈懷遠南越志曰蕉布之品有三有蕉布有竹子布又有葛焉雖精粗之殊皆同出而異名楊雄蜀都賦曰布則蜘蛛作絲不可見風筩中黃潤一端數金盛弘之荆州記曰秭歸縣室多幽閒其女盡織布至數十升今永州俗猶呼貢布爲女子布也 犀象珠玉虎魄瑇瑁石山隱飾金銀錯鏤 廣雅曰虎魄珠也生地中其上及旁不生草深者八九尺初時如桃膠凝堅乃成其方人以爲枕出罽賓及大秦國吳錄曰瑇瑁似鼂而大出南海山石謂隱起爲山石之文也 窮極麗靡轉相誇咤 郭景純注子虛賦曰詫誇也咤與詫通也 其嫁娶者車軿數里緹帷竟道 蒼頡篇曰軿衣車軿音薄丁反又步田反 騎奴侍童夾轂竝引富者競欲相過貧者恥其不逮一饗之所費破終身之業古者必有命然後乃得衣繒絲而乘車馬 尚書大傳曰古之帝王者必有命人能敬長矜孤取舍好讓者命於其君得乘飾車軿馬衣文錦未有命者不得衣不得乘乘衣者有罰 今雖不能復古宜令

細民略用孝文之制古之葬者厚衣之以薪葬之中野不封不樹喪期無數後世聖人易以棺槨易繫辭之言也桐木爲棺葛采爲緘尸子曰禹之喪法死於陵者葬於陵死於澤者葬於澤桐棺三寸制喪三日墨子曰舜西教乎七戎道死葬南巴之中衣衾三領款木之棺葛以緘之采猶蔓也緘束也下不及泉上不泄臭中世以後轉用楸梓槐柏杶樗之屬各因方土裁用膠漆使其堅足恃其用足任如此而已今者京師貴戚必欲江南檽梓豫章之木檽音乃豆反見埤蒼爾雅曰栵檽音而注反檽似槲樕而痺小恐非棺槨之用豫章即樟木也邊遠下土亦競相放效夫檽梓豫章所出殊遠伐之高山引之窮谷入海乘淮逆河泝洛工匠雕刻連累日月會衆而後動多牛而後致重且千斤功將萬夫而東至樂浪西達敦煌費力傷農於萬里之地古者墓而不墳中世墳而不崇仲尼喪母冢高四尺遇雨而崩弟子請修之夫子泣曰古不修墓孔子合葬母於防曰吾聞之古也墓而不墳於是封之崇四尺孔子先反門人後雨甚至孔子曰爾來何遲也曰防墓崩孔子泫然流涕曰吾聞之古不修墓見禮記也及鯉也死有棺無槨文帝葬芷陽縣名屬京兆文帝後改曰霸陵明帝葬洛南皆不

藏珠寶不起山陵墓雖卑而德最高今京師貴戚郡縣豪家生不極養死乃崇喪或至金縷玉匣檽梓楩柟多埋珍寶偶人車馬造起大冢廣種松栢廬舍祠堂務崇華侈案鄗畢之陵南城之冢畢周文王武王葬地也司馬遷云在鄗東南杜中無墳隴在今咸陽縣西北孔安國注尚書云在長安西北南城山曾子父所葬在今沂州費縣西南也周公非不忠曾子非不孝㠯為褒君愛父不在於聚財揚名顯親無取於車馬昔晉靈公多賦㠯雕牆春秋㠯為非君左傳晉靈公不君厚斂以雕牆杜預注云不君失君道也雕畫也華元樂舉厚葬文公君子㠯為不臣左傳曰宋文公卒始厚葬用蜃炭益車馬始用殉椁有四阿棺有翰檜君子謂華元樂舉於是不臣是棄君於惡也況於羣司士庶乃可僭侈主上過天道乎前書貢禹曰今大夫僭諸侯諸侯僭天子天子過天道其日久矣

實貢篇曰國㠯賢興㠯諂衰君㠯忠安㠯佞危此古今之常論而時所共知也然衰國危君繼踵不絕者豈時無忠信正直之士哉誠苦其道不得行耳夫十步之閒必有茂草十室之邑必有忠信

（說苑曰十步之澤必有芳草論語曰十室之邑必有忠信也）是故亂殷有三仁小衞多君子（亂殷謂紂時也三仁箕子微子比干也左傳吳季札適衞悅蘧瑗史狗史鰌公子荆公叔發公子朝曰衞多君子未有患也又臧宣叔曰衞之於晉不得爲次國杜預注云春秋之時以強弱爲大小衞雖侯爵猶爲小國）今以大漢之廣土士民之繁庶朝廷之清明上下之修正而官無善吏位無良臣此豈時之無賢諒由取之乖實夫志道者少與逐俗者多疇是以朋黨用私乖實趨華其貢士者不復依其質幹準其才行但虛造聲譽妄生羽毛略計所舉歲且二百覽察其狀則德侔顏冉詳覈厥能則鮮及中人皆總務升官自相推達夫士者貴其用也不必求備故四友雖美能不相兼（尚書大傳孔子曰文王得四臣丘亦得四友謂回也爲胥附賜也爲奔走師也爲先後由也爲禦侮其能各不同也）三仁齊致事不一節高祖佐命出自亡秦光武得士亦資暴莽況太平之時而云無士乎夫明君之詔也若聲忠臣之和也如響長短大小清濁疾徐必相應也且攻玉以石洗金以鹽（詩小雅曰它山之石可以攻玉今之金工發金色者皆淬之於鹽水焉）濯錦以魚浣布以灰夫物固有以賤理貴

吕醜化好者矣智者棄短取長吕致其功今使貢士必覈吕實其有小疵勿彊衣飾衣飾謂裝飾以成其過也衣音於氣反出處默語各因其方則蕭曹周韓之倫何足不致吳鄧梁竇之屬企踵可待孔子曰未之思也夫何遠之有

愛日篇曰國之所吕爲國者吕有民也民之所吕爲民者吕有穀也穀之所吕豐植者吕有民功也功之所吕能建者吕日力也化國之日舒吕長故其民閒暇而力有餘亂國之日促吕短故其民困務而力不足舒長者非謂羲和安行羲和日也山海經曰東南海之外甘水之間有羲和之國有女子曰羲和方浴日於甘泉羲和者帝俊之妻是生十日郭璞注曰羲和蓋天地始生日月者也乃君明民靜而力有餘也促短者非謂分度損減洛書甄耀度曰凡周天三百六十五度四分度之一一度爲十九百三十二里日一日行一度月一日行十三度十九分度之一也乃上闇下亂力不足也孔子稱既庶則富之既富又教之是故禮義生於富足盜竊起於貧窮富足生於寬暇貧窮起於無日聖人深知力者

民之本國之基也故務省徭役使之愛日是以堯勑羲和欽若昊天敬受民時明帝時公車以反支日不受章奏凡反支日用月朔爲正戌亥朔一日反支申酉朔二日反支午未朔三日反支辰巳朔四日反支寅卯朔五日反支子丑朔六日反支見陰陽書也帝聞而怪曰民廢農桑遠來詣闕而復拘以禁忌豈爲政之意乎於是遂蠲其制令冤民仰希申訴而令長以神自畜難見如神也百姓廢農桑而趨府廷者相續道路非朝餔不得通非意氣不得見說文曰餔謂日加申時也今爲晡字也或連日累月更相瞻視或轉請鄰里饋糧應對歲功既虧天下豈無受其飢者乎孔子曰聽訟吾猶人也從此言之中才以上足議曲直鄉亭部吏亦有任決斷者而類多枉曲蓋有故焉夫理直則恃正而不橈事曲則諂意以行賕不撓故無恩於吏行賕故見私於法若事有反覆吏應坐之吏以應坐之故不得不枉之於廷以羸民之少黨而與豪吏對訟其勢得無屈乎縣承吏言故與之同若事有反覆縣亦應坐之

縣以應坐之故而排之於郡以一民之輕而與一縣爲訟其理豈得申乎事有反覆郡亦坐之郡以其坐之故而排之於州以一民之輕與一郡爲訟其事豈獲勝乎旣不肯理故乃遠詣公府公府復不能察而當延以日月貧弱者無以曠旬彊富者可盈千日理訟若此何枉之能理乎正士懷怨結而不見信（信讀曰伸）猾吏崇姦軌而不被坐此小民所以易侵苦而天下所以多困窮也且除上天感痛致災但以人功見事言之自三府州郡至於鄉縣典司之吏辭訟之民官事相連更相檢對者日可有十萬人一人有事二人經營是爲日三十萬人廢其業也以中農率之則是歲三百萬人受其飢者也然則盜賊何從而銷太平何由而作乎詩云莫肯念亂誰無父母（詩小雅也）百姓不足君誰與足可無思哉可無思哉

述赦篇曰凡療病者必知脈之虛實氣之所結然後爲之方故疾

可愈而壽可長也爲國者必先知民之所苦禍之所起然後爲之禁故姦可塞而國可安也今日賊良民之甚者莫大於數赦贖赦贖數則惡人昌而善人傷矣何以明之哉夫謹敕之人身不蹈非又有爲吏正直不避彊禦而姦猾之黨橫加誣言者皆知赦之不久故也善人君子被侵怨而能至闕庭自明者萬無數人數人之中得省問者百不過一既對尚書而空遣去者復什六七矣其輕薄姦軌既陷罪法怨毒之家冀其辜戮以解畜憤而反一槩悉蒙赦釋令惡人高會而誇咤老盜服臧而過門孝子見讎而不得討遭盜者覩物而不敢取痛莫甚焉夫養稂莠者傷禾稼惠姦軌者賊良民爾雅曰稂童粱郭璞注云莠類也詩曰不稂不莠稂音郎書曰文王作罰刑茲無赦康誥之言也先王之制刑法也非好傷人肌膚斷人壽命也貴威姦懲惡除人害也故經稱天命有德五服五章哉天討有罪五刑五用哉詩刺彼宜有

罪汝反脫之（詩大雅也此宜無罪汝反收之彼宜有罪汝反脫之毛萇注云脫赦也）古者唯始受命之君承大亂之極寇賊姦軌難爲法禁故不得不有一赦與之更新頤育萬物㠯成大化非㠯養姦活罪放縱天賊也夫性惡之民民之豺狼雖得放宥之澤終無改悔之心旦脫重梏夕還囹圄嚴明令尹不能使其斷絕何也凡敢爲大姦者才必有過於衆而能自媚於上者也多散誕得之財奉㠯諂諛之辭㠯轉相驅（誕猶虛也）非有第五公之廉直孰不爲顧哉（謂第五倫也爲司空性廉直也）論者多曰久不赦則姦軌熾而吏不制宜數肆眚㠯解散之此未昭政亂之本源不察禍福之所生也後度遼將軍皇甫規解官歸安定鄉人有㠯貨得鴈門太守者亦去職還家書刺謁規規臥不迎既入而問卿前在郡食鴈美乎有頃又白王符在門規素聞符名乃驚遽而起衣不及帶屣履出迎援符手而還與同坐極歡時人爲之語曰徒見二千石不如一縫掖

禮記儒行孔子曰丘少居魯衣逢掖之衣鄭玄注云逢猶大也大掖之衣大袂單衣也言書生道義之爲貴也符竟不仕終于家

仲長統字公理山陽高平人也少好學博涉書記贍於文辭年二十餘游學青徐并冀之閒與交友者多異之并州刺史高幹袁紹甥也素貴有名招致四方遊士士多歸附統過幹幹善待遇訪㠯當時之事統謂幹曰君有雄志而無雄才好士而不能擇人所㠯爲君深戒也幹雅自多不納其言統遂去之無幾幹㠯并州叛卒至於敗魏志曰高幹叛欲奔南荊州上洛都尉王琰捕斬之也并冀之士皆㠯是異統異其有知人之鑒也統性俶儻敢直言不矜小節默語無常時人或謂之狂生每州郡命召輒稱疾不就常㠯爲凡遊帝王者欲㠯立身揚名耳而名不常存人生易滅優游偃仰可㠯自娛欲卜居清曠㠯樂其志論之曰使居有良田廣宅背山臨流溝池環帀竹木周布場圃築前果園樹後

舟車足吕代步涉之難，使令足吕息四體之役。養親有兼珍之膳，妻孥無苦身之勞。（孥讀曰奴）良朋萃止，則陳酒肴吕娛之；嘉時吉日，則烹羔豚吕奉之。躕躇畦苑，遊戲平林，（躕躇猶踟躕也）濯清水，追涼風，釣遊鯉，弋高鴻。諷於舞雩之下，詠歸高堂之上。（雩，祭旱之名也。爲壇而儛其上以祈雨焉。論語曾點曰：「春服既成，冠者五六人，童子六七人，浴乎沂，風乎舞雩，詠而歸。」）安神閨房，思老氏之玄虛；呼吸精和，求至人之仿佛。（老子曰：「玄之又玄。虛其心，實其腹。」呼吸謂咽氣養生也。莊子曰：「吹呴呼吸，吐故納新。」又曰：「至人無已也。」）與達者數子，論道講書，俯仰二儀，錯綜人物。彈南風之雅操，發清商之妙曲。（家語曰：舜彈五絃之琴，造南風之詩，曰：「南風之薰兮，可以解吾人之慍兮；南風之時兮，可以阜吾人之財兮。」三禮圖曰：琴本五絃，曰宮商角徵羽，文王增二，曰少宮少商，絃最清也。）逍遙一世之上，睥睨天地之閒。不受當時之責，永保性命之期。如是，則可吕陵霄漢，出宇宙之外矣。豈羨夫入帝王之門哉！又作詩二篇，吕見其志。辭曰：

飛鳥遺跡，蟬蛻亡殼。騰蛇棄鱗，神龍喪角。（王充論衡曰：「蠐螬化爲復育，復育轉爲蟬。蟬之去復育，龜之解甲，蛇之脫皮，可謂尸解矣。」蛻音式銳反。爾雅曰：「騰蛇有鱗。」廣雅曰：「有角曰龍。」喪角，解角也。）至人能變，達士拔俗。乘雲無轡，騁風無足垂露成幃張霄成幄沆瀣當餐九陽代燭霄摩天赤氣也在旁曰幃在上曰幄陵陽子明經曰沆瀣者北方夜半氣也九陽謂日也山海經曰暘谷上有扶木九日居下枝一日居上枝也恆星豔珠朝霞潤玉六合之內恣心所欲人事可遺何爲局促大道雖夷見幾者寡任意無非適物無可古來繞繞委曲如瑣百慮何爲至要在我寄愁天上埋憂地下叛散五經滅棄風雅百家雜碎請用從火抗志山西游心海左元氣爲舟微風爲柂柂船尾也音徒可反敖翔太清縱意容冶尚書令荀彧聞統名奇之舉爲尚書郎後參丞相曹操軍事每論說古今及時俗行事恆發憤歎息因著論名曰昌言昌當也尚書曰汝亦昌言凡三十四篇十餘萬言獻帝遜位之歲統卒時年四十一友人東海繆襲常稱統才章足繼西京董賈劉楊董仲舒賈誼劉向楊雄也襲字熙伯辟御史府後至尚書光祿勳今簡撮其書有益政者略載之云

理亂篇曰豪傑之當天命者未始有天下之分者也無天下之分

故戰爭者競起焉于斯之時竝僞假天威矯據方國擁甲兵與我角才智程勇力與我競雌雄不知去就疑誤天下蓋不可數也角知者皆窮角力者皆負形不堪復伉埶不足復校乃始羈首係頸就我之銜紲耳（銜勒也紲韁也）夫或曾爲我之尊長矣或曾與我爲等儕矣或曾臣虜我矣或曾埶四我矣彼之蔚蔚皆匈詈腹詛幸我之不成（蔚與鬱古字通）而㠯奮其前志詎肯用此爲終死之分邪及繼體之時民心定矣普天之下賴我而得生育由我而得富貴安居樂業長養子孫天下晏然皆歸心於我矣豪傑之心既絶士民之志已定貴有常家尊在一人當此之時雖下愚之才居之猶能使恩同天地威侔鬼神暴風疾霆不足㠯方其怒陽春時雨不足㠯喻其澤周孔數千無所復角其聖賁育百萬無所復奮其勇矣彼後嗣之愚主見天下莫敢與之違自謂若天地之不可亾也乃奔其私嗜騁

其邪欲君臣宣淫上下同惡左傳泄冶諫陳靈公曰公卿宣淫人無效焉杜預注云宣示也目極角觝之觀耳窮鄭衞之聲武帝元封三年作角觝戲音義云兩兩相當角力角伎藝射馭故名角觝蓋雜伎樂以巴俞戲魚龍曼延之屬也後更名平樂觀禮記曰鄭音好濫淫志宋音晏安溺志也入則耽於婦人出則馳於田獵荒廢庶政棄亾人物澶漫彌流無所底極澶漫猶縱逸也澶音徒旱反莊子外篇曰澶漫爲樂也信任親愛者盡佞諂容說之人也寵貴隆豐者盡后妃姬妾之家也使餓狼守庖廚飢虎牧牢豚遂至熬天下之脂膏斲生人之骨髓怨毒無聊禍亂並起中國擾攘四夷侵叛土崩瓦解一朝而去昔之爲我哺乳之子孫者今盡是我飲血之寇讎也至於運徙勢去猶不覺悟者豈非富貴生不仁沈溺致愚疾邪存亾㠯之迭代政亂從此周復天道常然之大數也左傳曰美惡周必復天之道也又政之爲理者取一切而已非能斟酌賢愚之分㠯開盛衰之數也日不如古彌㠯遠甚豈不然邪漢興㠯來相與同爲編戶齊民而㠯財力相君長者世無數焉而清絜之士徒自

苦於茨棘之閒無所益損於風俗也豪人之室連棟數百膏田滿野奴婢千羣徒附萬計（徒眾也附親也）船車賈販周於四方廢居積貯滿於都城（史記曰轉轂百數廢居居邑注云有所廢有所蓄言其乘時射利也）琦賂寶貨巨室不能容（琦瑋也抱朴子曰片玉可以琦奚必侯盈尺也）馬牛羊豕山谷不能受妖童美妾塡乎綺室倡謳妓樂列乎深堂賓客待見而不敢去車騎交錯而不敢進三牲之肉臭而不可食清醇之酎敗而不可飲睇盼則人從其目之所視喜怒則人隨其心之所慮此皆公侯之廣樂君長之厚實也苟能運智詐者則得之焉苟能得之者人不以爲罪焉源發而橫流路開而四通矣求士之舍榮樂而居窮苦（舍音式者反）棄放逸而赴束縛夫誰肯爲之者邪（束縛謂自絜淸如拘執也）夫亂世長而化世短亂世則小人貴寵君子困賤當君子困賤之時跼高天蹐厚地猶恐有鎭壓之禍也（詩小雅曰謂天蓋高不敢不跼謂地蓋厚不敢不蹐毛萇注云跼曲也蹐累足也）逮至淸世則復入於矯枉過正之檢老者耄矣不能

及寬饒之俗少者方壯將復困於衰亂之時是使姦人擅無窮之福利而善士挂不赦之罪辜苟自能辯色耳能辯聲口能辯味體能辯寒溫者將皆以修絜爲諱惡設智巧以避之焉況肯有安而樂之者邪斯下世人主一切之愆也昔春秋之時周氏之亂世也逮乎戰國則又甚矣秦政乘并兼之埶放狼虎之心政始皇名也屠裂天下吞食生人暴虐不已以招楚漢用兵之苦甚於戰國之時也漢二百年而遭王莽之亂漢至王莽篡位二百一十四年云二百者舉全數計其殘夷滅亡之數又復倍乎秦項矣以及今日名都空而不居百里絕而無民者不可勝數孝平帝時凡郡國一百三縣邑一千三百一十四道三十四侯國二百四十一地東西九千三百二里南北一萬三百六十八里人戶一千二百二十三萬三千六十二口五千九百五十九萬四千九百七十八此漢家極盛之時遭王莽喪亂暨光武中興海內人戶準之於前十裁二三邊方蕭條略無孑遺孝靈遭黃巾之寇獻帝嬰董卓之禍英雄棊峙白骨膏野兵亂相尋三十餘年三方既寧萬不存一也此則又甚於亡新之時也悲夫不及五百年大難三起秦三王二帝通在位四十九年前漢二百三十年後漢百九十五年凡四百七十四年故云不及五百年也三起謂秦末及王莽并獻帝時也中間之亂尚不

數焉變而彌猜下而加酷下猶後也推此㠯往可及於盡矣嗟乎不知來世聖人救此之道將何用也又不知天若窮此之數欲何至邪損益篇曰作有利於時制有便於物者可爲也事有乖於數法有翫於時者可改也故行於古有其迹用於今無其功者不可不變變而不如前易而多所敗者亦不可不復也漢之初興分王子弟委之㠯士民之命假之㠯生殺之權於是驕逸自恣志意無厭極魚肉百姓㠯盈其欲報蒸骨血㠯快其情上有篡叛不軌之姦下有暴亂殘賊之害雖藉親屬之恩蓋源流形埶使之然也降爵削土稍稍割奪卒至於坐食奉祿而已然其污穢之行淫昏之罪猶尚多焉故淺其根本輕其恩義猶尚假一日之尊收士民之用況專之於國擅之於嗣豈可鞭笞叱咤而使唯我所爲者乎時政彫敝風俗移易純樸已去智慧已來老子曰智慧出有大僞也出於禮制之防放於嗜

欲之域久矣固不可授之已柄假之已貧者也是故收其奕世之權挍其縱橫之埶善者早登否者早去（去音祛莒反）故下土無壅滯之士國朝無專貴之人此變之善可遂行者也井田之變豪人貨殖館舍布於州郡田畝連於方國身無半通靑綸之命而竊三辰龍章之服（十三州志曰有秩嗇夫得假半章印續漢輿服志曰百石靑紺綸一采宛轉繆織長丈二尺說文綸靑絲綬也鄭玄注禮記曰綸今有秩嗇夫所佩也三辰日月星也龍章謂山龍之章也皆畫於衣也）不爲編戶一伍之長而有千室名邑之役（周禮小司徒職五人爲伍前書曰五家爲伍伍有長論語孔子曰千室之邑百乘之家言豪強之家身無品秩而強富比於公侯也）榮樂過於封君埶力侔於守令財賂自營犯法不坐刺客死士爲之投命至使弱力少智之子被穿幃敗寄死不斂冤枉窮困不敢自理雖亦由網禁疏闊蓋分田無限使之然也今欲張太平之紀綱立至化之基趾齊民財之豐寡正風俗之奢儉非井田實莫由也此變有所敗而宜復者也肉刑之廢輕重無品下死則得髡鉗下髡鉗則得鞭笞（下猶減也）死者不可復生

而髡者無傷於人髡笞不足以懲中罪安得不至於死哉言髡笞太輕不足畏懼而姦人冒罪以陷於死明復古肉刑則人不陷於死也夫雞狗之攘竊男女之淫奔酒醴之賂遺謬誤之傷害皆非值於死者也殺之則甚重髡之則甚輕不制中刑以稱其罪則法令安得不參差殺生安得不過謬乎今患刑輕之不足以懲惡則假臧貨以成罪託疾病以諱殺假增臧貨以益其罪託稱疾病令死於獄也科條無所準名實不相應恐非帝王之通法聖人之良制也或曰過刑惡人可也過刑善人豈可復哉曰若前政以來未曾枉害善人者則有罪不死也言善人有罪亦當殺之也是為忍於殺人也而不忍於刑人也今令五刑有品輕重有數科條有序名實有正非殺人逆亂鳥獸之行甚重者皆勿殺鳥獸之行謂烝報也嗣周氏之祕典續呂侯之祥刑此又宜復之善者也周禮大司寇職掌邦之三典以佐王刑邦國詰四方一曰刑新國用輕典二曰刑平國用中典三曰刑亂國用重典祥善也尚書曰敎爾祥刑易曰陽一君二臣君子之道也陰二君一臣小人之道也繫辭之文也陽卦一陽而二陰陰卦一陰而二

陽陽爲君陰爲臣然則寡者爲人上者也衆者爲人下者也一伍之長才足㠯長一伍者也一國之君才足㠯君一國者也天下之王才足㠯王天下者也愚役於智猶枝之附幹此理天下之常法也制國㠯分人立政㠯分事人遠則難綏事總則難了今遠州之縣或相去數百千里雖多山陵洿澤猶有可居人種穀者焉當更制其境界使遠者不過二百里明版籍㠯相數閱審什伍㠯相連持周禮曰凡在版者注云版名籍也以版爲之也限夫田㠯斷幷兼定五刑㠯救死亾司馬法曰步百爲畒畒百爲夫夫三爲屋屋三爲井幷兼謂豪富之家以財勢幷取貧人之田而兼有之益君長㠯興政理急農桑㠯豐委積去末作㠯一本業敦敎學㠯移情性表德行㠯勵風俗覈才藝㠯敘官宜簡精悍㠯習師田周禮曰凡師田斬牲以左右徇陳注云示犯誓必殺也修武器㠯存守戰嚴禁令㠯防僭差信賞罰㠯驗懲勸糾游戲㠯杜姦邪察苛刻㠯絕煩暴審此十六者㠯爲政務操之有常課之有限安寧勿懈墮有事不迫遽聖

人復起不能易也向者天下戶過千萬除其老弱但戶一丁壯則千萬人也遺漏既多又蠻夷戎狄居漢地者尚不在焉丁壯十人之中必有堪爲其什伍之長推什長巳上則百萬人也又十取之則佐史之才巳上十萬人也又十取之則可使在政理之位者萬人也㠯筋力用者謂之人人求丁壯㠯才智用者謂之士士貴者老充此制㠯用天下之人猶將有儲何嫌乎不足也故物有不求未有無物之歲也士有不用未有少士之世也夫如此而後可㠯用天性究人理興頓廢屬斷絶屬猶續也網羅遺漏拱押天人矣拱執也押檻也押音下甲反

或曰善爲政者欲除煩去苛并官省職爲之㠯無爲事之㠯無事何子之言云云也老子云爲無爲事無事也曰若是三代不足摹聖人未可師也摹法也三代皆由肉刑又井田之法今不用是不摹之也君子用法制而至於化小人用法制而至於亂均是一法制也或㠯之化或㠯之亂行之不同也苟使豺狼牧羊

豚盜跖主征稅國家昏亂吏人放肆則惡復論損益之閒哉惡音烏夫人待君子然後化理國待蓄積乃無憂患君子非自農桑㠯求衣食者也蓄積非橫賦斂㠯取優饒者也奉祿誠厚則割剝貿易之罪乃可絕也蓄積誠多則兵寇水旱之災不足苦也故由其道而得之民不㠯爲奢由其道而取之民不㠯爲勞天災流行開倉廩㠯稟貸不亦仁乎衣食有餘損靡麗㠯散施不亦義乎彼君子居位爲士民之長固宜重肉累帛朱輪四馬今反謂薄屋者爲高藿食者爲清既失天地之性又開虛僞之名使小智居大位庶績不咸熙未必不由此也得拘絜而失才能非立功之實也拘絜謂自拘束而絜其身者卽隱逸之人也㠯廉舉而㠯貪去非士君子之志也去音欺呂反夫選用㠯取善士善士富者少而貧者多祿不足㠯供養安能不少營私門乎從而罪之是設機置穽㠯待天下之君子也穽穿地陷獸也機弩牙也盜賊凶荒九州代

作飢饉暴至，軍旅卒發，橫稅弱人，割奪吏祿，所恃者寡，所取者猥，猥猶多也。萬里懸乏，首尾不救，徭役並起，農桑失業，兆民呼嗟於昊天，貧窮轉死於溝壑矣。今通肥饒之率，計稼穡之入，令畝收三斛，斛取一斗，未爲甚多。一歲之閒，則有數年之儲，雖興非法之役，恣奢侈之欲，廣愛幸之賜，猶未能盡也。不循古法，規爲輕稅，及至一方有警，一面被災，未逮三年，校計騫短，坐視戰士之蔬食，立望餓殍之滿道，如之何爲君行此政也？孟子曰塗有餓殍而不知發。趙岐注云餓死者曰莩，莩與殍同，音皮表反。二十稅一，名之曰貊，況三十稅一乎？孟子載白圭曰吾欲二十而取一，何如？孟子曰子之道，貊道也。趙岐注云貊，夷貊之人在荒者也。貊在北方，其氣寒，不生五穀，無中國之禮，故可二十取一而足也。此言欲輕稅也。夫薄吏祿以豐軍用，緣於秦征諸侯，續以四夷，漢承其業，遂不改更，危國亂家，此之由也。今田無常主，民無常居，吏食日稟，稟，給也。祿班未定。可爲法制，畫一定科，租稅十一，更賦如舊。更賦已見光武紀也。今者土廣民稀，中地未墾，上田已耕，唯中地以下未也。雖然，猶當限以大家，

勿令過制其地有草者盡曰官田力堪農事乃聽受之若聽其自取後必爲姦也

法誡篇曰周禮六典冢宰貳王而理天下爾雅曰冢大也貳猶副貳也周禮天官冢宰掌建邦之六典以佐王理邦國一曰理典以理官府二曰教典以擾萬姓三曰禮典以諧萬姓四曰政典以均萬姓五曰刑典以糾萬姓六曰事典以生萬姓也春秋之時諸侯明德者皆一卿爲政爰及戰國亦皆然也秦兼天下則置丞相而貳之以御史大夫自高帝逮于孝成因而不改多終其身漢之隆盛是惟在焉夫任一人則政專任數人則相倚政專則和諧相倚則違戾和諧則太平之所興也違戾則荒亂之所起也光武皇帝愠數世之失權忿彊臣之竊命愠猶恨也數代謂元成哀平彊臣謂王莽矯枉過直政不任下雖置三公事歸臺閣臺閣謂尚書也自此以來三公之職備員而已然政有不理猶加譴責而權移外戚之家寵被近習之豎親其黨類用其私人內充京師外布列郡顛倒賢愚貿易選舉疲駑守境貪殘牧民撓

擾百姓忿怒四夷撓音火高反招致乖叛亂離斯瘼瘼病也怨氣並作陰陽失和三光虧缺怪異數至蟲螟食稼水旱爲災此皆戚宦之臣所致然也反以策讓三公至於死免乃足爲叫呼蒼天號咷泣血者也又中世之選三公也務於清慤謹慎循常習故者是婦女之檢柙鄉曲之常人耳惡足以居斯位邪檢柙猶規矩也埶既如彼選又如此而欲望三公勳立於國家績加於生民不亦遠乎昔文帝之於鄧通可謂至愛而猶展申屠嘉之志展猶申也文帝時大中大夫鄧通居上傍有怠慢禮丞相申屠嘉奏事見之罷朝召通責之曰通小臣戲殿上大不敬當斬通頓首首盡出血文帝使人召通謝丞相曰此吾弄臣君其釋之夫見任如此則何患於左右小臣哉至如近世外戚宦豎請託不行意氣不滿立能陷人於不測之禍惡可得彈正者哉曩者任之重而責之輕今者任之輕而責之重昔賈誼感絳侯之困辱因陳大臣廉恥之分開引自裁之端文帝時賈誼上書曰大臣有罪不得縛係引而行也其有大罪者聞命則北面再拜跪而自裁之不使人捽抑而刑之也是時丞相絳侯周勃免就國人有告勃謀反繫長安獄中無事復爵邑故誼以此譏上上深納

其言是後大臣有罪皆自殺不受刑也自此以來遂以成俗繼世之主生而見之習其所常曾莫之悟嗚呼可悲夫左手據天下之圖右手刎其喉愚者猶知難之況明哲君子哉言不以重利害其生事見莊子光武奪三公之重至今而加甚不假后黨以權數世而不行蓋親疏之勢異也言光武奪三公重任今奪更甚光武不假后黨威權數代遂不遵行此爲三公疏后族親故也母后之黨左右之人有此至親之勢故其貴任萬世常然之敗無世而無之莫之斯鑒亦可痛矣未若置丞相以總之若委三公則宜分任責成夫使爲政者不當與之婚姻婚姻者不當使之爲政也如此在位病人病人謂萬姓困敝也舉用失賢百姓不安爭訟不息天地多變人物多妖然後可以分此罪矣或曰政在一人權甚重也曰人實難得何重之嫌昔者霍禹竇憲鄧騭梁冀之徒藉外戚之權管國家之柄及其伏誅以一言之詔詰朝而決何重之畏乎今夫國家漏神明於媟近輸權重於婦黨算十世而爲之者八

九爲不此之罪，而彼之疑，何其詭邪！此謂后黨，彼謂三公也。詭猶違也。

論曰：百家之言政者尚矣，尚猶遠也。大略歸乎寍固根柢，革易時敝也。夫遭運無常，意見偏雜，故是非之論，紛然相乖。嘗試妄論之，謙不敢正言也。以爲世非胥庭，人乖鷇飲，化迹萬肇，情故萌生。赫胥氏、大庭氏，並古之帝號。莊子曰「夫聖人鶉居而鷇飲」，言鶉鳥無常居，鷇飲不假物，並淳朴時也。肇，始也。雖周物之智，不能研其推變；山川之奧，未足況其紆險。易繫辭曰「知周乎萬物而道濟天下」。推，遷也。莊子曰「凡人心險於山川，難於知天」也。則應俗適事，難以常條。如使用審其道，則殊塗同會；才爽其分，則一豪以乖。用得其人，審其道也；授非其才，爽其分也。易繫辭曰「天下同歸而殊塗，一致而百慮」。易緯曰「差以毫氂，失之千里」。何以言之？若夫玄聖御世，則天同極，施舍之道，宜無殊典。莊子曰「玄聖素王之道也」。極猶致也，言法天之道同其致也。施舍猶興廢也。而損益異運，文朴遞行。論語孔子曰「殷因於夏禮，所損益可知也」。朴，質也。禮記曰「文質再而復」也。用明居晦，回泬於曩時；興戈陳俎，參差於上世。回泬猶攜互，不齊一也。泬音穴。及至戴黃屋，服絺衣，豐薄不齊，而致化則一。前書音義曰：「天子車以黃繒爲蓋裏，故曰黃屋。」韓子曰：「堯之王天下也，冬日鹿裘，夏日葛衣。」絺，葛也。亦有宥公族，黥國儲，寬慘巨隔，而防非必同此其分波而其源百慮而一致者也禮記曰公族有死罪獄成有司讞于公曰某之罪在大辟公曰宥之有司又曰在大辟公又曰宥之史記曰秦孝公太子犯法衞鞅曰太子君嗣也不可施刑刑其傅公子虔黥其師公孫賈也若乃偏情矯用則枉直必過孟子曰矯枉過直矯正也枉曲也言正曲者過於直以喻爲政者懲奢則太儉患寬則傷猛不能折衷也故葛屨履霜敝由崇儉詩魏風序曰葛屨刺褊也其君儉嗇褊急而無德以將之詩曰糾糾葛屨可以履霜鄭玄注云葛屨賤皮屨貴魏俗至冬猶葛屨可用履霜利其賤也楚楚衣服戒在窮賒詩曹風序曰蜉蝣刺奢也詩曰蜉蝣之羽衣裳楚楚毛萇注云蜉蝣渠略也朝生夕死猶有羽翼以自飾楚楚鮮貌也喻曹朝君臣皆小人也徒飾其衣裳不知其死亡之無日賒奢同疏禁厚下以尾大陵弱疏禁謂防制太寬厚下謂封建太廣言周室微弱而諸侯强盛如尾大然左傳楚申無宇曰末大必折尾大不掉也斂威峻罰以苛薄分崩斂聚也言秦酷法以至分崩也斯曹魏之刺所以明乎國風周秦末軌所以彰於微滅故用舍之端興敗資焉是以繁簡唯時寬猛相濟刑書鐫鼎事有可詳三章在令取貴能約左傳曰鄭人鑄刑書杜預注云鑄刑書於鼎以爲國之常法也高祖初入關除秦苛法約法三章言其詳約也太叔致猛政之褒國子流遺愛之涕左傳曰鄭子產有疾謂子太叔曰我死子必爲政唯有德者能以寬服人其次莫如猛又曰子產卒仲尼聞之出涕曰古之遺愛也國子卽子產也鄭穆公子國之子因以爲姓也宣孟改冬日之和平陽循畫一之法斯實弛張之致可以徵其統乎宣孟晉大夫趙盾也左傳賈季對酆舒曰趙衰

冬日之日也趙盾夏日之日也注云冬日可愛夏日可畏前書平陽侯曹參爲相國百姓歌之曰蕭何爲法講若畫一曹參代之守而勿失載其清淨人以寧一數子之言當世失得皆究矣然多謬通方之訓好申一隅之說一隅謂一方偏見也貴清靜者以席上爲腐議束名實者以柱下爲誕辭淸靜謂道家也席上謂儒也腐朽也禮記儒行曰儒有席上之珍高祖折隨何曰安用腐儒哉名實名家也柱下老子也誕虛也言志各不同也或推前王之風可行於當年有引救敝之規宜流於長世稽之篤論將爲敝矣如以舟無推陸之分瑟非常調之音古法不施於今猶舟不可行之於陸也今法有合於時如瑟可移柱而調也莊子曰是推舟於陸勞而無功也前書董仲舒曰琴瑟不調甚者必解而更張之乃可鼓也爲政不行甚者必變而更化之乃可理也不限局以疑遠不拘玄以妨素則化樞各管其極理略可得而言與音余

贊曰管視好偏羣言難一救朴雖文矯遲必疾舉端自理滯隅則失詳觀時蠹成昭政術滯隅謂偏執一隅也淮南子曰非循一跡之路守一隅之指而不與俗推移也

王充王符仲長統列傳第三十九

金陵書局倣汲古閣本刊

後漢書四十九

孝明八王列傳第四十　　後漢書五十

唐章懷太子賢注

孝明皇帝九子：賈貴人生章帝，陰貴人生梁節王暢，餘七王本書不載母氏。本書謂東觀記也

千乘哀王建，永平三年封，明年薨，年少無子，國除。

陳敬王羨，永平三年封廣平王。建初三年，有司奏遣羨與鉅鹿王恭、樂成王黨俱就國，肅宗性篤愛，不忍與諸王乖離，遂皆留京師。明年，案輿地圖，令諸國戶口皆等，租入歲各八千萬。羨博涉經書，有威嚴，與諸儒講論於白虎殿。七年，帝以廣平在北，多有邊費，廣平縣故城在今洛州永年縣北乃徙羨爲西平王，西平縣屬汝南郡也分汝南八縣爲國。及帝崩，遺詔徙封爲陳王，食淮陽郡。其年就國。立三十七年薨，子思王鈞嗣。

鈞立，多不法，遂行天子大射禮。天子將祭，擇士而祭，謂之大射。大射之禮，張三侯：虎侯、熊侯、豹侯，示服猛也。皆以其皮方制之。樂用

騶虞九節（謝承書曰：陳國戶曹史高愼諫國相曰：諸侯射豕，天子射熊，八彝六樽，禮數不同。昔季氏設朱干玉戚以舞大夏。左傳曰唯名與器不可以假人，奢僭之漸，不可聽也。於是諫爭不合，爲王所非，坐司寇罪也）。性隱賊，喜文法，國相二千石不與相得者，輒陰中之。憎怨敬王夫人李儀等，永元十一年，遂使客隗久（久或作文）殺儀家屬。吏捕得久，繫長平獄（長平縣屬陳國）。鈞欲斷絕辭語，復使結客篡殺久。事發覺，有司舉奏，鈞坐削西華、項、新陽三縣（西華故城在今陳州溵水縣西北。項，今陳州項城縣也。新陽故城在今豫州眞陽縣西南也）。十二年，封鈞六弟爲列侯（伏侯古今注曰：番爲陽都鄉侯，千秋爲新平侯，參爲周亭侯，壽爲樂陽亭侯，寶爲博平侯，旦爲高亭侯也）。後鈞取掖庭出女李嬈爲小妻（嬈音盜了反），復坐削圉、宜祿、扶溝三縣（圉、扶溝竝屬陳留郡，宜祿屬汝南郡）。永初七年，封敬王孫安國爲耕亭侯。鈞立二十一年薨，子懷王竦嗣，立二年薨，無子，國絕。永寧元年，立敬王子安壽亭侯崇爲陳王，是爲頃王。立五年薨，子孝王承嗣。承薨，子愍王寵嗣。熹平二年，國相師遷追奏前相魏愔與寵共祭天神，希幸非冀，罪至不道。有司奏遣使者案驗。是時新誅勃海王悝（靈帝熹平元年，悝被誣謀反，自殺也），靈帝不忍復加法詔檻車傳送愔遷詣北寺詔獄使中常侍王酺華嶠書及宦者傳諸本並作甫此云酺未詳孰是也與尚書令侍御史雜考愔辭與王共祭黃老君求長生福而已無它冀幸酺等奏愔職在匡正而所爲不端遷誣告其王罔㠯不道皆誅死有詔赦寵不案寵善弩射十發十中中皆同處華嶠書曰寵射其祕法以天覆地載參連爲奇又三微三小三微爲經三小爲緯經緯相將萬勝之方然要在機牙中平中黃巾賊起郡縣皆棄城走寵有彊弩數千張出軍都亭置軍營於國之都亭也國人數聞王善射不敢反叛故陳獨得完百姓歸之者衆十餘萬人及獻帝初義兵起寵率衆屯陽夏縣名屬淮陽國夏音公雅反自稱輔漢大將軍國相會稽駱俊素有威恩時天下飢荒鄰郡人多歸就之俊傾貲賑贍並得全活後袁術求糧於陳而俊拒絕之術忿恚遣客詐殺俊及寵陳由是破敗謝承書曰俊字孝遠烏傷人察孝廉補尚書侍郎擢拜陳國相人有產子厚致米肉達府主意生男女者以駱爲名袁術使部曲將張闓陽私行到陳之俊所俊往從飲酒因詐殺俊一郡吏人哀號如喪父母是時諸國無復租祿而數見虜奪并日而食轉死溝壑者甚衆夫

人姬妾多爲丹陽兵烏桓所略云

彭城靖王恭永平九年賜號靈壽王取其美名也下重熹王亦同東觀記曰賜號未有國邑也十五年封爲鉅鹿王建初三年徙封江陵王改南郡爲國元和二年三公上言江陵在京師正南不可㠯封乃徙爲六安王㠯廬江郡爲國肅宗崩遺詔徙封彭城王食楚郡其年就國恭敦厚威重舉動有節度吏人敬愛之永初六年封恭子阿奴爲竹邑侯竹邑縣屬沛郡故城在今徐州符離縣也竹邑或爲邕字傳寫誤也元初三年恭㠯事怒子酺酺自殺東觀記曰恭子男丁前物故酺侮慢丁小妻恭怒閉酺馬廄酺亾夜詣彭城縣欲上書恭遣從官蒼頭曉令歸數責之乃自殺也國相趙牧㠯狀上因誣奏恭祠祀惡言大逆不道有司奏請誅之恭上書自訟朝廷㠯其素著行義令考實無徵牧坐下獄會赦免死決錄注曰牧字仲師長安人少知名以公正稱修春秋事樂恢恢以直諫死牧爲陳寃得中高第爲侍御史會稽太守皆有稱績及誣奏恭安帝疑其侵乃遣御史毋丘歆覆案其事實下牧廷尉會赦不誅終于家恭立四十六年薨子考王道嗣元初五年封道弟三人爲鄉侯東觀記曰丙爲都鄉侯國爲安鄉侯丁爲曾陽鄉侯恭孫順爲東安亭侯

道立二十八年薨子頃王定嗣本初元年封定兄弟九人皆爲亭侯東觀記曰定兄據卞亭侯弟光昭陽亭侯固公梁亭侯興蒲亭侯延昌城亭侯祀梁父亭侯堅西安亭侯代林亭侯也定立四年薨子孝王和嗣和性至孝太夫人薨行喪陵次毀胔過禮傅相㠯聞桓帝詔使奉牛酒迎王還宫和敬賢樂施國中愛之初平中天下大亂和爲賊昌務所攻避奔東阿後得還國立六十四年薨孫祗嗣立七年魏受禪㠯爲崇德侯

樂成靖王黨永平九年賜號重熹王十五年封樂成王黨聰慧善史書喜正文字與肅宗同年尤相親愛建初四年㠯清河之游觀津勃海之東光成平涿郡之中水饒陽安平南深澤八縣益樂成國前書及郡國志清河無游縣觀津故城在今德州蓨縣東北東光在滄州東光縣南成平在景城縣南中水在今瀛州樂壽縣西北南深澤在今定州深澤縣東也及帝崩其年就國黨急刻不遵法度舊禁宫人出嫁不得適諸國有故掖庭技人哀置嫁爲男子章初妻哀姓置名也稱男子者無官爵也黨召哀置入宫與通

初欲上書告之黨恐懼乃密賂哀置姊焦使殺初事發覺黨乃縊殺內侍三人以絕口語又取故中山簡王傅婢李羽生爲小妻永元七年國相舉奏之和帝詔削東光鄡二縣鄡縣屬鉅鹿郡鄡音羌堯反立二十五年薨子哀王崇嗣立二月薨無子國絕明年和帝立崇兄修侯巡爲樂成王是爲釐王修縣及條縣皆屬勃海條字或作修立十五年薨子隱王賓嗣立八年薨無子國絕明年復立濟北惠王子萇爲樂成王後萇到國數月驕淫不法愆過累積冀州刺史與國相舉奏萇罪至不道安帝詔曰萇有靦其面而放逸其心靦姡也言面姡然無愧姡音胡八反知陵廟至重承繼有禮不惟致敬之節肅穆之慎乃敢擅損犧牲不備苾芬詩小雅曰苾苾芬芬祀事孔明慢易大姬不震厥教大姬即萇所繼之母震懼也出入顛覆風淫于家娉取人妻饋遺婢妾毆擊吏人專己凶暴愆罪莫大甚可恥也朕覽八辟之議不忍致之于理周禮司寇以八議麗邦法一曰議親之辟二曰議故之辟三曰議賢之辟四曰議能之辟五曰議功之辟六曰議貴之辟七曰議勤之辟八曰議賓之辟

其貶萇爵爲臨湖侯臨河屬廬江郡朕無則哲之明致簡統失序罔以尉承大姬增懷永歎袁宏記曰尚書侍郎冷宏議以爲自非聖人不能無過故王太子生爲立賢師傅以訓導之是以目不見惡耳不聞非能保其社稷高明令終萇少長藩國內無過庭之訓外無師傅之道血氣方剛卒受榮爵幾微生過遂陷不義臣聞周官議親蠢愚見赦萇不殺無辜以譴呵爲非無赫赫大惡可裁削奪損其租賦令得改過自新革心向道案黃香集香與宏共奏此香之辭也延光元年以河閒孝王子得嗣靖王後以樂成比廢絕故改國曰安平是爲安平孝王立三十年薨子續立中平元年黃巾賊起爲所劫質囚于廣宗今貝州宗城縣也隨室諱改焉賊平復國其年秋坐不道被誅立三十四年國除

下邳惠王衍永平十五年封衍有容貌肅宗即位常在左右建初初冠詔賜衍師傅已下官屬金帛各有差四年以臨淮郡及九江之鍾離當塗東城歷陽全椒合十七縣益下邳國鍾離在今豪州鍾離縣東當塗在縣西南東城在定遠縣東南歷陽和州縣也全椒今滁州縣也帝崩其年就國衍後病荒忽而太子卬有罪廢諸姬爭欲立子爲嗣連上書相告言和帝憐之使彭城靖王恭至

下邳正其嫡庶立子成爲太子東觀記載和帝賜恭詔曰皇帝問彭城王始夏無恙蓋聞堯親九族萬國協和書典之所美今下邳王被病沉滯之疾昏亂不明家用不寍姬妾適庶諸子分爭紛紛至今前太子卬頑凶失道陷于大辟是後諸子更相誣告迄今適嗣未知所定朕甚傷之惟王與下邳王恩義至親正此國嗣非王而誰禮重適庶之序春秋之義大居正孔子曰惟仁者能好人能惡人貴仁者所好惡得其中也太子國之儲嗣可不慎歟王其差次下邳諸子可爲太子者上名將及景風拜授印綬焉衍立五十四年薨子貞王成嗣永建元年封成兄二人及惠王孫二人皆爲列侯成立二年薨子愍王意嗣陽嘉元年封意弟八人爲鄉亭侯中平元年意遭黃巾棄國走賊平復國數月薨立五十七年年九十子哀王宜嗣數月薨無子建安十一年國除

梁節王暢永平十五年封爲汝南王母陰貴人有寵暢尤被愛幸國土租入倍於諸國肅宗立緣先帝之意賞賜恩寵甚篤建初二年封暢舅陰棠爲西陵侯西陵縣屬江夏郡四年徙爲梁王以陳留之鄢寍陵濟陰之薄單父己氏成武凡六縣益梁國鄢今許州鄢陵縣也寍陵今宋州縣也薄故城在今曹州考城縣東北單父今宋州縣也己氏今宋州楚丘縣也成武今曹州縣也帝崩其年就國暢性聰慧然少貴驕頗不

遵法度歸國後數有惡夢從官卞忌自言能使六丁善占夢（六丁謂六甲中丁神也若甲子旬中則丁卯爲神甲寅旬中則丁巳爲神之類也役使之法先齋戒然後其神至可使致遠方物及知吉凶也）暢數使卜筮又暢乳母王禮等因此自言能見鬼神事遂共占氣祠祭求福忌等諂媚云神言王當爲天子暢心喜與相應荅永元五年豫州刺史梁相舉奏暢不道考訊辭不服有司請徵暢詣廷尉詔獄和帝不許有司重奏除暢國從九眞帝不忍但削成武單父二縣暢慚懼上疏辭謝曰臣天性狂愚生在深宮長養傅母之手信惑左右之言及至歸國不知防禁從官侍史利臣財物熒惑臣暢臣暢無所昭見與相然諾不自知陷死罪已至考案肌慄心悸自悔無所復及自謂當卽時伏顯誅魂魄去身分歸黃泉不意陛下聖德枉法曲平不聽有司（曲平曲法申恩平處其罪）横貸赦臣戰慄連月未敢自安上念已負先帝而令陛下爲臣收汙天下（汙惡也天下已帝赦王爲惡故言收惡天下也）誠無氣已息筋骨不相連

臣暢知大貸不可再得自誓束身約妻子不敢復出入失繩墨不敢復有所横費租入有餘乞裁食睢陽穀孰虞蒙甯陵五縣還餘所食四縣臣暢小妻三十七人其無子者願還本家自選擇謹勑奴婢二百人其餘所受虎賁官騎及諸工技鼓吹蒼頭奴婢兵弩廐馬皆上還本署臣暢㠯骨肉近親亂聖化汙清流既得生活誠無心面目㠯凶惡復居大宮食大國張官屬藏什物願陛下加大恩開臣自悔之門假臣小善之路令天下知臣蒙恩得去死就生頗能自悔臣㠯公卿所奏臣罪惡詔書常置於前晝夜誦讀臣小人貪見明時不能即時自引唯陛下哀臣令得喘息漏刻若不聽許臣實無顏㠯久生下入黃泉無㠯見先帝此誠臣至心臣欲多還所受恐天恩不聽許節量所留於臣暢饒足詔報曰朕惟王至親之屬淯淑之美傅相不良不能防邪至令有司紛紛有言今王

深思悔過端自克責朕惻然傷之志匪由于咎在彼小子（謂由卞忌及王禮等也）一日克己復禮天下歸仁王其安心靜意茂率休德易不云乎一謙而四益小有言終吉（易謙卦曰天道虧盈而益謙地道變盈而流謙鬼神害盈而福謙人道惡盈而好謙爲謙是一而天地神人皆益之故曰一謙而四益訟卦初六曰小有言終吉言王雖小有訟言而終吉也）强食自愛暢固讓章數上卒不許立二十七年薨子恭王堅嗣永平十六年封堅弟二人爲鄉亭侯堅立二十六年薨子懷王匡嗣永建二年封匡兄弟七人爲鄉亭侯匡立十一年薨無子順帝封匡弟孝陽亭侯成爲梁王是爲夷王立二十九年薨子敬王元嗣立十六年薨子彌嗣立四十年魏受禪以爲崇德侯

淮陽頃王昞永平五年封常山王建初四年徙爲淮陽王以汝南之新安西華益淮陽國立十六年薨未及立嗣永元二年和帝立昞小子側復爲常山王奉昞後是爲殤王立十三年薨父子皆未

之國並葬京師側無子其月立兄防子侯章爲常山王和帝憐章早孤數加賞賜延平元年就國立二十五年薨是爲靖王子頃王儀嗣永建二年封儀兄二人爲亭侯儀立十七年薨子節王豹嗣永嘉元年封豹兄四人爲亭侯豹立八年薨子暠嗣三十二年遭黃巾賊棄國走建安十一年國除

濟陰悼王長永平十五年封建初四年以東郡之離孤陳留之長垣益濟陰國立十三年薨于京師無子國除

論曰晏子稱夫人生厚而用利於是乎正德以幅之謂之幅利言人情須節以正其德亦由布帛須幅以成其度焉左傳曰齊景公與晏子邶殿之邑六十晏子不受曰夫富如布帛之有幅焉爲之度使無遷也夫人生厚而用利於是正德以幅之謂之幅利利過則爲敗吾不敢貪多所謂幅也明帝封諸子租歲不過二千萬馬后爲言而不得也東觀明紀曰皇子之封皆減舊制嘗案輿地圖皇后在傍言鉅鹿樂成廣平各數縣租穀百萬帝令滿三千萬止諸小王皆當略與楚淮陽相比什減三四我子不當與先帝子等者也賢哉豈徒儉約而已乎知驕貴之無

厭嗜欲之難極也故東京諸侯鮮有至於禍敗者也

贊曰孝明傳肖維城八國陳敬嚴重彭城厚德下邳嬰疴梁節邪慼三藩夙齡(謂千乘淮陽濟陰竝早歿)黨惟荒忒

孝明八王列傳第四十

後漢書五十

李陳龐陳橋列傳第四十一　後漢書五十一

唐章懷太子賢注

李恂字叔英安定臨涇人也少習韓詩 韓嬰所傳詩也 教授諸生常數百人太守穎川李鴻請署功曹未及到而州辟爲從事會鴻卒恂不應州命而送鴻喪還鄉里既葬留起冢墳持喪三年辟司徒桓虞府後拜侍御史持節使幽州宣布恩澤慰撫北狄所過皆圖寫山川屯田聚落百餘卷悉封奏上肅宗嘉之拜兗州刺史以清約率下常席羊皮服布被遷張掖太守有威重名時大將軍竇憲將兵屯武威天下州郡遠近莫不修禮遺恂奉公不阿爲憲所奏免後復徵拜謁者使持節領西域副校尉西域殷富多珍寶諸國侍子及督使賈胡 督使主蕃國之使也賈胡胡之商賈也 數遺恂奴婢宛馬金銀香罽之屬一無所受 袁山松書曰西域出諸香石蜜罽織毛爲布者 北匈奴數斷西域車師伊吾龐沙以西使命不

得通（前書曰車師前國王居交河城伊吾故城在今瓜州晉昌縣北廣志曰流沙在玉門關外東西數百里有三斷名曰三隴也）恂設購賞遂斬虜帥縣首軍門自是道路夷清威恩並行遷武威太守後坐事免步歸鄉里潛居山澤結草爲廬獨與諸生織席自給會西羌反畔恂到田舍爲所執獲羌素聞其名放遣之恂因詣洛陽謝時歲荒司空張敏司徒魯恭等各遣子饋糧悉無所受徙居新安關下拾橡實以自資（橡櫟實也武帝元鼎三年徙函谷關於新安也）年九十六卒

陳禪字紀山巴郡安漢人也仕郡功曹舉善黜惡爲邦內所畏察孝廉州辟治中從事（續漢志曰每州有侍中從事也）時刺史爲人所上受納臧賂禪當傳考（傳謂逮捕而考之也）無它所齎但持喪斂之具而已及至筲掠無算五毒畢加禪神意自若辭對無變事遂散釋車騎將軍鄧隲聞其名而辟焉舉茂才時漢中蠻夷反畔以禪爲漢中太守夷賊素聞其名聲即時降服遷左馮翊入拜諫議大夫永寧元年西南夷撣國王

撣音徒丹反獻樂及幻人能吐火自支解易牛馬頭明年元會作之於庭
安帝與羣臣共觀大奇之禪獨離席舉手大言曰昔齊魯爲夾谷
之會齊作侏儒之樂仲尼誅之家語曰魯定公與齊侯會於夾谷孔子攝相事齊奏中宮之樂倡優戲於前孔子趨曰匹夫而侮諸侯者其罪應誅於是斬侏儒手足異處又曰放鄭聲遠佞人論語孔子之言帝王之庭不宜設夷狄之
技尚書陳忠劾奏禪曰古者合歡之樂舞於堂四夷之樂陳於門
故詩云以雅以南韎任朱離詩小雅鼓鍾之詩曰以雅以南以籥不僭薛君云南夷之樂曰南四夷之樂唯南可以和於雅者以其人聲音及籥不僭差也周禮鞮鞻氏掌四夷之樂鄭玄注云東方曰韎南方曰任西方曰朱離北方曰禁毛詩無韎任朱離之文蓋見齊魯之詩也今亾韎音昧禮記曰九夷八蠻六戎五狄來朝立於明堂四門之外也今撣國越流沙踰縣度前書西域傳曰縣度者山名也谿谷不通以繩索相引而度去陽關五千八百八十里萬里貢
獻非鄭衛之聲佞人之比而禪廷訕朝政訕謗也請劾禪下獄有詔勿
收左轉爲玄菟候城障尉候城縣在遼東詔敢不之官上妻子從者名禪既
行朝廷多訟之會北匈奴入遼東追拜禪遼東太守胡憚其威彊
退還數百里禪不加兵但使吏卒往曉慰之單于隨使還郡禪於

學行禮爲說道義㠯感化之單于懷服遺㠯胡中珍貨而去及鄧騭誅廢禪㠯故吏免復爲車騎將軍閻顯長史順帝卽位遷司隸校尉明年卒於官子澄有清名官至漢中太守禪曾孫寶亦剛壯有禪風爲州別駕從事顯名州里

龐參字仲達河南緱氏人也初仕郡未知名河南尹龐奮見而奇之舉爲孝廉拜左校令坐法輸作若盧（若盧獄名）永初元年涼州先零種羌反畔遣車騎將軍鄧騭討之參於徒中使其子俊上書曰方今西州流民擾動而徵發不絕水潦不休地力不復（言其耗損不復於舊）重之㠯大軍疲之㠯遠戍農功消於轉運資財竭於徵發田疇不能墾闢禾稼不得收入搏手困窮無望來秋（兩手相搏言無計也）百姓力屈不復堪命臣愚㠯爲萬里運糧遠就羌戎不若總兵養眾㠯待其疲車騎將軍騭宜且振旅留征西校尉任尚使督涼州士民轉居三輔休徭

役㠯助其時，止煩賦㠯益其財，令男得耕種，女得織紝。紝音如深反。杜預注左傳云：織紝，織繒布也。然後畜精銳，乘懈沮，出其不意，攻其不備，則邊人之仇報，奔北之恥雪矣。」書奏，會御史中丞樊準上疏薦參曰：「臣聞鷙鳥累百，不如一鶚。前書鄒陽諫吳王之辭也。鶚，大鵰也。昔孝文皇帝悟馮唐之言，而赦魏尚之罪，使爲邊守，匈奴不敢南向。前書馮唐謂文帝曰：「臣聞魏尚爲雲中守，匈奴遠避，不近雲中之塞。上功莫府，一言不相應，文吏以法繩之。愚以爲陛下法太明，而賞太輕。」文帝悅，是日令唐持節赦魏尚，復以爲雲中守也。夫㠯一臣之身，折方面之難者，選用得也。臣伏見故左校令河南龐參，勇謀不測，卓爾奇偉，高才武略，有魏尚之風，前坐微法，輸作經時。今羌戎爲患，大軍西屯，臣㠯爲如參之人，宜在行伍。惟明詔採前世之舉，觀魏尚之功，免赦參刑，㠯爲軍鋒，必有成效，宣助國威。」鄧太后納其言，卽擢參於徒中，召拜謁者，使西督三輔諸軍屯，而徵鄧隲還。四年，羌寇轉盛，兵費日廣，且連年不登，穀石萬餘。參奏記於鄧隲曰：「比年羌寇特困隴右，供徭賦役爲損日滋官負人責數十億萬〔責音側懈反〕今復募發百姓調取穀帛衒賣什物吕應吏求外傷羌虜内困徵賦〔爲羌寇所傷也〕遂乃千里轉糧遠給武都西郡塗路傾阻難勞百端疾行則鈔暴爲害遲進則穀食稍損運糧散於曠野牛馬死於山澤縣官不足輒貸於民民已窮矣將從誰求名救金城而實困三輔三輔旣困還復爲金城之禍矣參前數言宜棄西域乃爲西州士大夫所笑今苟貪不毛之地營恤不使之民〔恤憂也不使之人謂戎虜凶橫不堪爲用〕暴軍伊吾之野吕慮三族之外〔言勞師救遠以爲親戚之憂慮〕果破涼州禍亂至今夫拓境不寧無益於彊多田不耕何救飢儆故善爲國者務懷其内不求外利務富其民不貪廣土三輔山原曠遠民庶稀疏故縣丘城可居者多〔丘空也〕今宜徙邊郡不能自存者入居諸陵田戍故縣孤城絶郡吕權徙之轉運遠費聚而近之徭役煩數休而息之此善之善者也隲及公卿吕國用不足

欲從參議衆多不同乃止拜參爲漢陽太守郡人任棠者有奇節隱居教授參到先候之棠不與言但以薤一大本水一盂置戶屏前自抱孫兒伏於戶下主簿白以爲倨參思其微意良久曰棠是欲曉太守也水者欲吾清也拔大本薤者欲吾擊強宗也抱兒當戶欲吾開門恤孤也於是歎息而還參在職果能抑強助弱以惠政得民元初元年遷護羌校尉畔羌懷其恩信明年燒當羌種號多等皆降始復得還都令居通河西路（令居縣屬金城郡令音零）時先零羌豪僭號北地詔參將降羌及湟中義從胡七千人（湟水名今在鄯州）與行征西將軍司馬鈞期會北地擊之參於道爲羌所敗旣已失期乃稱病引兵還坐以詐疾徵下獄校書郎中馬融上書請之曰伏見西戎反畔寇鈔五州陛下愍百姓之傷痍哀黎元之失業單竭府庫以奉軍師昔周宣玁狁侵鎬及方（詩小雅六月之詩曰侵鎬及方至於涇陽鄭玄注云鎬方皆北方地名）孝文匈奴亦略

上郡而宣王立中興之功，文帝建太宗之號，非惟兩主有明叡之姿，抑亦扞城有虓虎之助詩曰公侯干城又曰闞如虓虎干扞也虓虎怒貌也是目南仲赫赫列在周詩，亞夫赳赳載於漢策詩曰赫赫南仲薄伐西戎周亞夫爲漢將赳赳武貌竊見前護羌校尉龐參文武昭備智略弘遠既有義勇果毅之節兼目博雅深謀之姿又度遼將軍梁慬前統西域勤苦數年遠留三輔功效克立閒在北邊單于降伏今皆幽囚陷于法網昔荀林父敗績於邲晉侯使復其位左傳曰晉荀林父及楚師戰於邲晉師敗績林父請死晉侯欲許之士貞子諫曰不可夫其敗也如日月之食何損於明晉侯使復其位也孟明視喪師於崤秦伯不替其官左傳曰晉敗秦師於崤獲百里孟明視後赦而歸之秦伯曰孤之罪也不替孟明故晉景并赤狄之士秦穆遂霸西戎左傳曰晉荀林父敗赤狄遂滅之晉侯賞林父狄臣千室亦賞士貞子瓜衍之縣曰吾獲狄土子之功也又曰秦伯伐晉遂霸西戎用孟明也宜遠覽二君使參慬得在寬宥之科誠有益於折衝毗佐於聖化書奏赦參等後目參爲遼東太守永建元年遷度遼將軍四年入爲大鴻臚尚書僕射虞詡薦參有宰相器能順帝時目爲太尉錄尚書事是時三公之中參名忠直數爲左右所陷毀㠯所舉用忤帝旨司隸承風案之時當會茂才孝廉參㠯被奏稱疾不得會上計掾廣漢段恭因會上疏曰伏見道路行人農夫織婦皆曰太尉龐參竭忠盡節徒㠯直道不能曲心孤立羣邪之閒自處中傷之地臣猶冀在陛下之世當蒙安全而復㠯讒佞傷毀忠正此天地之大禁人主之至誡昔白起賜死諸侯酌酒相賀季子來歸魯人喜其紓難紓緩也季子魯公子季友也閔公之時國家多難以季子忠賢故請齊侯復之公羊傳曰季子來歸其言季子何賢也其言來歸何喜之也夫國㠯賢化君㠯忠安今天下咸欣陛下有此忠賢願卒寵任㠯安社稷書奏詔卽遣小黃門視參疾太醫致羊酒後參夫人疾前妻子投於井而殺之參素與洛陽令祝良不平謝承書曰良字邵平長沙人聰明博學有才幹以廉平見稱也良聞之率吏卒入太尉府案實其事乃上參罪遂因災異策免有司㠯良不先聞奏輒折辱宰相坐繫詔獄良能得百姓心洛陽吏

入守闕請代其罪者日有數千萬人詔乃原刑陽嘉四年復以參爲太尉永和元年以久病罷卒於家

陳龜字叔珍上黨泫氏人也泫氏故城今澤州高平縣也泫音公玄反家世邊將便習弓馬雄於北州龜少有志氣永建中舉孝廉五遷五原太守永和五年拜使匈奴中郎將時南匈奴左部反亂龜以單于不能制下外順內畔促令自殺坐徵下獄免後再遷拜京兆尹時三輔强豪之族多侵枉小民龜到厲威嚴悉平理其怨屈者郡內大悅會羌胡寇邊殺長吏驅略百姓桓帝以龜世諳邊俗拜爲度遼將軍龜臨行上疏曰臣龜蒙恩累世馳騁邊垂雖展鷹犬之用頓斃胡虜之庭魂骸不返薦享狐狸猶無以塞厚責荅萬分也至臣頑駑器無鉛刀一割之用過受國恩榮秩兼優生年死日永懼不報臣聞三辰不軌擢士爲相蠻夷不恭拔卒爲將臣無文武之才而忝鷹揚之任

詩曰維師尚父時維鷹揚上慙聖明下懼素餐素空也無功受祿爲素餐雖歿軀體無所云補今西州邊鄙土地堉埆埆音覺又音確謂薄土也鞍馬爲居射獵爲業男寡耕稼之利女乏機杼之饒守塞候望懸命鋒鏑聞急長驅去不圖反自頃年已來匈奴數攻營郡謂郡有屯兵者即護羌校尉屯金城烏桓校尉屯上谷之類殘殺長吏侮略良細戰夫身膏沙漠居人首係馬鞍或舉國掩戶盡種灰滅孤兒寡婦號哭空城野無青草室如懸磬左傳曰室如懸磬野無青草言其屋居如磬之懸下無所有雖含生氣實同枯朽往歲并州水雨災螟互生稼穡荒耗租更空闕更謂卒更錢也老者慮不終年少壯懼於困阨陛下以百姓爲子品庶以陛下爲父焉可不日昃勞神書曰文王至于日中昃不遑暇食也垂撫循之恩哉唐堯親舍其子以禪虞舜者是欲民遭聖君不令遇惡主也史記曰堯知子丹朱不肖不足授天下乃推授舜則天下得其利而丹朱病授丹朱則天下病而丹朱得其利堯曰終不以天下之病而利一人卒授舜以天下也故古公杖策其民五倍帝王世紀曰古公亶父是爲大王爲百姓所附狄人攻之事之以皮幣玉帛不能免焉王遂杖策而去踰梁山止於岐山之陽邑於周地豳人從者如歸市一年成邑二年成都三年五倍其初也文王西伯天下歸之

（帝王世紀曰西伯至仁百姓襁負而至）豈復輿金輦寶㠯爲民惠乎近孝文皇帝感一女子之言除肉刑之法（女子卽太倉令淳于公之女緹縈也事見前書）體德行仁爲漢賢主陛下繼中興之統承光武之業臨朝聽政而未留聖意且牧守不良或出中官懼逆上旨取過目前呼嗟之聲招致災害胡虜凶悍因衰緣隙而令倉庫單於豺狼之口功業無銖兩之効皆由將帥不忠聚姦所致前涼州刺史祝良初除到州多所糾罰太守令長貶黜將半政未踰時功効卓然實應賞異㠯勸功能改任牧守去斥姦殘又宜更選匈奴烏桓護羌中郎將校尉簡練文武授之法令除并涼二州今年租更寬赦罪隸埽除更始則善吏知奉公之祐惡者覺營私之禍胡馬可不窺長城塞下無候望之患矣帝覺悟乃更選幽并刺史自營郡太守都尉㠯下多所革易下詔爲陳將軍除并涼一年租賦㠯賜吏民寵既到職州郡重足震慄鮮卑不敢近塞

省息經用歲巳億計（經常也）大將軍梁冀與龜素有隙譖其沮毀國威挑取功譽（挑猶取也獨取其名如挑戰之義）不爲胡虜所畏坐徵還遂乞骸骨歸田里復徵爲尚書冀暴虐日甚龜上疏言其罪狀請誅之帝不省自知必爲冀所害不食七日而死西域胡夷并涼民庶咸爲舉哀弔祭其墓

橋玄字公祖梁國睢陽人也七世祖仁從同郡戴德學著禮記章句四十九篇號曰橋君學成帝時爲大鴻臚祖父基廣陵太守父肅東萊太守玄少爲縣功曹時豫州刺史周景行部到梁國玄謁景因伏地言陳相羊昌罪惡乞爲部陳從事（部猶領也）窮案其姦景壯玄意署而遣之玄到悉收昌賓客具考臧罪昌素爲大將軍梁冀所厚冀爲馳檄救之景承旨召玄玄還檄不發案之益急昌坐檻車徵玄由是著名舉孝廉補洛陽左尉（左部尉也）時梁不疑爲河南尹玄巳

公事當詣府受對恥爲所辱棄官還鄉里後四遷爲齊相坐事爲城旦刑竟徵再遷上谷太守又爲漢陽太守時上邽令皇甫禎有臧罪玄收考髡笞死于冀市（冀縣名屬漢陽郡）一境皆震郡人上邽姜岐守道隱居名聞西州玄召以爲吏稱疾不就玄怒勑督郵尹益逼致之曰岐若不至趣嫁其母（趣音促）益固爭不能得遽曉譬岐岐堅臥不起郡內士大夫亦競往諫玄乃止時頗以爲譏後謝病免復公車徵爲司徒長史拜將作大匠桓帝末鮮卑南匈奴及高句驪嗣子伯固竝畔爲寇鈔四府舉玄爲度遼將軍假黃鉞玄至鎮休兵養士然後督諸將守討擊胡虜及伯固等皆破散退走在職三年邊境安靜靈帝初徵入爲河南尹轉少府大鴻臚建寧三年遷司空轉司徒素與南陽太守陳球有隙及在公位而薦球爲廷尉玄以國家方弱自度力無所用乃稱疾上疏引衆災以自劾遂策罷歲餘

拜尚書令時太中大夫蓋升與帝有舊恩前爲南陽太守臧數億以上玄奏免升禁錮沒入財賄帝不從而遷升侍中玄託病免拜光祿大夫光和元年遷太尉數月復以疾罷拜太中大夫就醫里舍玄少子十歲獨游門次卒有三人持杖劫執之入舍登樓就玄求貨玄不與有頃司隸校尉陽球率河南尹洛陽令圍守玄家球等恐并殺其子未欲迫之玄瞋目呼曰姦人無狀玄豈以一子之命而縱國賊乎促令兵進於是攻之玄子亦死玄乃詣闕謝罪乞下天下凡有劫質皆并殺之不得贖以財寶開張姦路詔書下其章初自安帝以後法禁稍弛京師劫質不避豪貴自是遂絶玄以光和六年卒時年七十五玄性剛急無大體然謙儉下士子弟親宗無在大官者及卒家無居業喪無所殯當時稱之初曹操微時人莫知者嘗往候玄玄見而異焉謂曰今天下將亂安生民者其

在君平操嘗感其知己及後經過玄墓輒悽愴致祭奠自爲其文曰故太尉橋公懿德高軌汎愛博容國念明訓士思令謨幽靈潛翳邈哉緬矣操以幼年逮升堂室特以頑質見納君子增榮益觀皆由獎勗猶仲尼稱不如顏淵論語孔子謂子貢曰汝與回也孰愈子貢曰賜也何敢望回子曰吾與汝俱不如也李生厚歎賈復復少好學師事舞陰李生李生奇之曰賈君國器也士死知己懷此無忘又承從容約誓之言徂沒之後路有經由不以斗酒隻雞過相沃酹車過三步腹痛勿怨雖臨時戲笑之言非至親之篤好何肯爲此辭哉懷舊惟顧念之悽愴惟思也奉命東征屯次鄉里北望貴土乃心陵墓裁致薄奠公其享之魏志曰建安七年曹公軍譙遂至浚儀遣使以太牢祀橋玄進軍官度也玄子羽官至任城相

論曰任棠姜岐世著其清結甕牖而辭三命結猶構也莊子曰原憲處魯居環堵之室桑樞而甕牖周禮一命受職再命受服三命受位謂任姜辭太守之辟也殆漢陽之幽人乎易曰履道坦坦幽人貞吉龐參躬求賢之禮故民悅其政橋玄厲邦君之威而衆失其情夫豈力不足歟將有道

在焉橋玄舍姜岐以道不可違故不得以威力逼也如令其道可忘則彊梁勝矣語曰三軍可奪帥匹夫不可奪志鄭玄注論語云匹夫之守志重於三軍之死將者也子貢曰甯喪千軍不失士心昔段干木踰牆而避文侯之命高士傳曰段干木者晉人也守道不仕魏文侯造其門段干木踰牆而避之泄柳閉門不納穆公之請泄柳魯之賢人也魯穆公時請見之泄柳閉門而不納事見孟子貴必有所屈賤亦有所伸矣

贊曰李燮勤身甘飢辭饋禪爲君隱之死靡貳寵習邊功參起徒中橋公識運先覺時雄

李陳龐陳橋列傳第四十一

後漢書五十一

崔駰列傳第四十二 子瑗 孫寔　　後漢書五十二

唐章懷太子賢注

崔駰字亭伯涿郡安平人也高祖父朝昭帝時爲幽州從事諫刺史無與燕刺王通及刺王敗擢爲侍御史燕刺王旦武帝子坐與上官桀等謀亂自殺刺力割反生子舒歷四郡太守所在有能名舒小子篆王莽時爲郡文學以明經徵詣公車太保甄豐舉爲步兵校尉篆辭曰吾聞伐國不問仁人前書董仲舒曰昔者魯君問栁下惠曰吾欲伐齊如何栁下惠曰不可歸而有憂色曰吾聞伐國不問仁人此言何爲至於我哉戰陣不訪儒士論語云衛靈公問陳於孔子孔子對曰俎豆之事則嘗聞之軍旅之事未之學也此舉奚爲至哉遂投劾歸投辭自劾有過不合應舉莽嫌諸不附己者多以法中傷之時篆兄發以佞巧幸於莽位至大司空母師氏能通經學百家之言莽寵以殊禮賜號義成夫人金印紫綬文軒丹轂顯於新世後以篆爲建新大尹莽改千乘郡曰建新守曰大尹篆不得已乃歎曰吾生無妄之世值澆羿之君易曰無妄之行窮之災也左傳曰昔有夏之方衰也后羿自鉏遷於窮石因夏人以代夏

政而淫於原獸用寒浞伯明氏之讒子弟也而虞羿于用以取其國家浞因羿室生澆及豷恃其讒慝詐僞而不德於人澆音五弔反豷音許既反上有老母下有兄弟安得獨潔己而危所生哉乃遂單車到官稱疾不視事三年不行縣續漢志曰郡國常以春行至縣勸人農桑振救乏絕門下掾倪敞諫篆乃強起班春班布春令所至之縣獄犴塡滿犴音岸前書音義曰鄉亭之獄曰犴篆垂涕曰嗟乎刑罰不中乃陷人於穽此皆何罪而至於是遂平理所出二千餘人掾吏叩頭諫曰朝廷初政州牧峻刻初政謂莽即位宥過申枉誠仁者之心然獨爲君子將有悔乎篆曰邾文公不吕一人易其身君子謂之知命左傳曰邾文公卜遷於繹史曰利於人不利於君邾子曰苟利於人孤之利矣人既利矣孤必與焉遂遷于繹五月邾文公卒君子曰知命也如殺一大尹贖二千人蓋所願也遂稱疾去建武初朝廷多薦言之者幽州刺史又舉篆賢良篆自吕宗門受莽僞寵慚愧漢朝遂辭歸不仕客居滎陽閉門潛思著周易林六十四篇用決吉凶多占驗臨終作賦吕自悼名慰志其辭曰嘉昔人之遘辰兮遘遇也辰時也美伊傅之遻時伊尹干湯傅說遇高宗爾雅曰遻遇也音五故反

應規矩之淑質兮過班倕而裁之公輸班魯人也倕舜時爲共工之官皆巧人也以喻湯及高宗也協準矱之貞度兮同斷金之玄策準繩也矱尺也貞正也易曰二人同心其利斷金玄策猶妙策也何天衢於盛世兮超千載而垂績易大畜卦乾下艮上其上九曰何天之衢亨鄭玄云艮爲手手上肩也乾爲首首肩之閒荷物處乾爲天艮爲徑路天衢象也豈修德之極致兮將天祚之攸適懸余生之不造兮造成也丁漢氏之中微丁當也氛霓鬱以橫厲兮羲和忽以潛暉氛祲也霓日傍之氣橫厲謂氣盛而陵於天也羲和日也氣盛而日光微喻王莽簒漢六柄制于家門兮王綱漼以陵遲國語管仲對齊桓公曰昔者聖人之理天下也而愼用其六柄焉韋昭注云六柄生殺貧賤富貴也漼猶摧落也音千隗反黎共奮以跋扈兮羿浞狂以恣睢國語曰昔少皞之衰九黎亂德人神雜揉不可方物淮南子曰昔者共工與顓頊爭爲帝怒而觸不周之山天柱折地維絕跋扈强梁也恣睢自用之貌也恣音訾睢音許維反羿浞已見上睹嫚臧而乘釁兮竊神器之萬機易曰嫚藏誨盜釁隙也神器帝王之位老子曰天下神器不可爲也書曰兢兢業業一日二日萬機思輔弼以媮存兮亦號咷以詶咨輔弼謂王莽輔政也媮苟且也號咷哀呼也前書王莽策孺子嬰爲定安公莽親執孺子手流涕歔欷也嗟三事之我負兮乃迫余以天威三事謂三公也負謂太保甄豐舉也豈無熊僚之微介兮悼我生之殲夷左傳曰楚白公勝爲亂石乞曰市南有熊相宜僚者若得之可以當五百人矣從白公而見之與之言說告之故辭承之以劒不動勝曰不爲利諂不爲威惕不泄人言以求媚者去之介耿

介也我生謂母也殲滅也夷傷也言其母老恐禍及也庶明哲之末風兮懼大雅之所譏詩大雅曰既明且哲以保其身遂

翕翼㠯委命兮受符守乎艮維艮東北之位謂篆爲千乘大守也恨遭閉而不隱兮違

石門之高蹤易曰天地閉而賢人隱論語曰子路宿於石門晨門曰奚自子路曰自孔氏曰是知其不可而爲之者歟揚蛾眉於復關兮

犯孔戒之治容楚辭曰衆女皆妒余之蛾眉詩國風序曰氓刺時也淫風大行男女無別故序其事以風焉其詩曰乘彼垝垣以望復關毛萇注曰垝毀也復關君

子所近之處也易繫辭曰冶容誨淫鄭玄云謂飾其容而見於外曰冶懿氓蚩之悟悔兮慕白駒之所從詩曰氓之蚩蚩抱布

貿絲匪來貿絲來即我謀注云氓人也蚩蚩殷厚之貌布幣也即就也言此之人非買絲來就我爲室家也又曰及爾偕老老使我怨注云我欲與汝俱至老汝反薄我使怨也又曰皎皎白駒喻

賢人也乃稱疾而屢復兮歷三祀而見許復猶白也悠輕舉㠯遠遯兮託峻

峗㠯幽處峻峗謂山也峗音魚委反竫潛思於至賾兮騁六經之奧府賾深也皇再命

而紹卹兮乃云眷乎建武皇天也紹繼也卹憂也言天憂卹眷顧漢家所以再命光武也運欃槍㠯電埽兮

淸六合之土宇欃槍彗也聖德滂㠯橫被兮黎庶愷㠯鼓舞闢四門㠯博

延兮彼幽牧之我舉開闢四方之門廣求賢也幽牧謂爲幽州刺史所舉也分畫定而計決兮豈云賁

乎鄙耇賁飾也易曰束帛戔戔賁於丘園也遂懸車㠯縶馬兮絕時俗之進取歎暮春之

成服兮閭衡門㠯埽軌論語曾點曰莫春者春服既成衡橫也謂橫木爲門軌跡也聊優游㠯永日兮守性命㠯盡齒齒年也貴啟體之歸全兮庶不忝乎先子論語曰曾子有疾召門弟子曰啟予足注云父母全而生之亦當全而歸之忝辱也先子謂先人也孟子曾西曰吾先子之所畏篆生毅㠯疾隱身不仕毅生駰年十三能通詩易春秋博學有偉才盡通古今訓詁百家之言善屬文少游太學與班固傅毅同時齊名常㠯典籍爲業未遑仕進之事時人或譏其太玄靜將㠯後名失實駰擬揚雄解嘲作達旨㠯答焉華嶠書曰駰譏揚雄以爲范蔡鄒衍之徒乘釁相傾誑曜諸侯者也而云彼我異時又曰竊卓貲氏割炙細君斯蓋士之贅行而云不能與此數公者同以爲失類而改之也其辭曰或說己曰易稱備物致用可觀而有所合故能扶陽㠯出順陰而入備物致用易繫辭之文也可觀而有所合序卦之文也鄭玄注易乾鑿度曰陽起於子陰起於午天數大分以陽出離以陰入坎坎爲中男離爲中女太一之行出從中男入從中女因陰陽男女之偶爲終始也春發其華秋收其實有始有極爰登其質今子韞櫝六經服膺道術韞匱也櫝匱也論語曰有美玉韞櫝而藏諸歷世而游高談有日俯鉤深於重淵仰探遠乎九乾易曰探賾索隱鉤深致遠九乾謂天有九重也離騷天問曰圜則九重孰營度之窮至賾於幽微測潛

隱之無源然下不步卿相之廷上不登王公之門進不黨以讚己退不黷於庸人（讚猶稱也）獨師友道德合符曩真抱景特立與士不羣益高樹靡陰獨木不林隨時之宜道貫從凡（華嶠書作高樹不庇易曰隨時之義大矣哉老子曰和其光而同其塵故言道貴從凡）于時太上運天德以君世憲王僚而布官（太上明帝也傳曰太上立德天德合弘光大也易曰乃位乎天德尚書曰唐虞稽古建官惟百夏商官倍亦克用乂憲法也僚官也言法三王而建官也）臨雍泮以恢儒疏軒冕以崇賢（天子辟雍諸侯頖宮壁雍者環之以水圓而如璧也頖半也諸侯半天子之宮皆所以立學垂教也）率惇德以厲忠孝揚茂化以砥仁義（砥礪也）選利器於良材求鏌鎁於明智（吳越春秋曰干將吳人也造二劍一曰干將二曰莫邪莫邪者干將之妻名也干將作劍采五山之精合六金之英百神臨觀遂以成劍說苑曰所以尚干將莫邪者貴其立斷所以尚騏驥者貴其立至必且歷日曠久絲氂猶能契石駑馬亦能致遠是以聰明敏捷人之美材也）不以此時攀台階闚紫闥（三台謂之三階三公之象也）據高軒望朱闕夫欲千里而咫尺未發（八寸爲咫）蒙竊惑焉故英人乘斯時也（文子曰智過萬人謂之英千人謂之俊）猶逸禽之赴深林蝱蚋之趣大沛（蚋小蟲蚊之類蚋音芮說文曰秦謂之蚋楚謂之蚊孟子曰汙池沛澤劉熙曰沛水草相半）胡爲嘿嘿而久沈滯也答曰有是言乎子苟欲勉我以世路不知其跌

而失吾之度也古者陰陽始分天地初制制協韻音之設反皇綱云緒帝紀乃設傳序歷數三代興滅昔大庭尙矣赫胥罔識大庭赫胥並古帝王號也尙遠也罔無也識記也澮樸散離人物錯乖高辛攸降厥趣各違高辛氏帝嚳也道無常稽與時張弛隨時弛張不考之於常道也失仁爲非得義爲是老子曰失道後德失德後仁失仁後義失義後禮君子通變各審所履故士或掩目而淵潛莊子曰北人無擇與舜爲友舜以天下讓之無擇乃自投淸泠之淵終身不反也或盥耳而山棲盥洗也許由字武仲隱於沛澤之中堯聞之乃致天下而讓焉由以爲汚乃臨池洗耳其友巢父飮犢聞由爲堯所讓曰何以汚吾犢口牽於上流而飮之見莊子及高士傳或草耕而僅飽伯成子高唐虞時爲諸侯至禹去而耕禹往見之則耕在野見呂氏春秋或木茹而長飢說苑曰鮑焦衣木皮食木實韓詩外傳曰焦棄其蔬而立槁死於洛濱也或重聘而不來狂接輿者楚人也耕而食楚王聞其賢使使者持金百鎰車二駟聘之曰願煩先生理江南接輿笑而不應使者去而遠徙莫知所之見莊子或屢黜而不去論語曰柳下惠爲士師三黜人曰可以去矣曰直道而事人何往而不三黜也或冒詢㠯干進或望色而斯舉詢辱也音火豆反新序曰伊尹蒙恥辱負鼎俎以干湯論語曰色斯舉矣翔而後集舉協韻音據或㠯役夫發夢於王公高宗夢傅說乃使百工旁求諸野得諸傅巖孔安國曰傅氏之巖在虞虢之界通道所經有澗水壞道常使胥靡刑人築護此道說賢而隱代胥靡築之㠯供食事見尙書王公總而言也爾雅皇王后辟公侯君也或㠯漁父見兆於元龜戰國策曰呂尙之遇文王也身爲漁父史記曰太公以釣

千周西伯西伯將出獵卜之曰所獲非龍非螭非熊非羆所獲霸王之輔於是西伯獵果遇太公渭水之陽與語大說元大也**若夫紛繷塞路凶虐播流**方言云繷盛多也音奴董反**人有昏墊之尼主有疇咨之憂**尚書曰下人昏墊孔安國曰昏瞀墊溺皆因水災也又曰帝曰咨洪水滔天浩浩懷山襄陵有能俾乂**條垂藟蔓上下相求**藟藤也音壘詩曰南有樛木葛藟纍之**於是乎賢人授手援世之災**孟子曰天下溺則援之以道嫂溺則援之以手也**跋涉赴俗急斯時也**草行為跋**昔堯含感而皋陶謨高祖歎而子房慮**謨謀也堯遭洪水咨嗟憂愁訪下人有能理者皋陶大禹陳其謨見尚書史記曰高祖為項羽所敗下馬踞鞍而問子房曰吾欲捐關以東誰可與其功者子房曰九江王黥布彭越韓信卽欲捐之此三人楚可破也**禍不散而曹絳奮**曹參及絳侯周勃皆從高祖征伐以定天下也**結不解而陳平權**高祖擊匈奴至白登被圍七日用陳平計得出**及其策合道從克亂弭衝乃將鏤玄珪冊顯功**珪玉也詩含神霧曰刻之玉板藏之金匱**銘昆吾之冶**墨子曰昔夏后開冶使飛廉析金於山以鑄鼎於昆吾蔡邕銘論曰呂尚作周大師其功銘於昆吾之鼎也**勒景襄之鍾**國語曰晉魏顆以其身退秦師於輔氏其勳銘於景鍾此兼言襄也**與其有事則褰裳濡足冠挂不顧**褰裳涉水也新序曰今為濡足之故不救人溺可乎淮南子曰禹之趨時冠挂而不顧履遺而不取也**人溺不拯則非仁也當其無事則躐纓整襟規矩其步**躐音呂涉反躐踐也此言宜從手廣雅云擸持也言持纓整襟修其容止史記曰攝纓整襟華嶠書躐作擸也**德讓不修則非忠也是以險則救俗平則守禮舉**

吕公私不私其體今聖上之育斯人也樸吕皇質雕吕唐文孔子曰大哉堯之爲君也煥乎其有文章故言唐文六合怡怡比屋爲仁壹天下之衆異齊品類之萬殊參差同量坏冶一陶坏土器之未燒者郭璞注爾雅曰坏胎物之始也坏音普才反羣生得理庶績其凝凝成也家家有吕樂和人人有吕自優威械藏而俎豆布六典陳而九刑厝械謂器械甲兵之屬厝謂置之不用周禮太宰之職掌建邦之六典以佐王理邦國一曰理典二曰教典三曰禮典四曰政典五曰刑典六曰事典左傳曰周有亂政而作九刑杜預注云周之衰爲刑書謂之九刑濟茲兆庶出於平易之路雖有力牧之略尚父之厲力牧黃帝臣也史記尚父呂望相武王以伐紂厲謂威容嚴厲伊皐不論奚事范蔡伊尹皐繇范雎蔡澤夫廣廈成而茂木暢遠求存而良馬縶廣廈既成不求材故林木條暢也遠求謂遠方珍異之物也存猶止息也言所求之物既止不資良馬之力也陰事終而水宿藏立冬之後盛德在水陰氣用事故曰陰事水宿謂北方七宿斗牛女虛危室壁也月令曰孟冬之月昏危中仲冬昏東壁中季冬昏婁中孟春昏參中水星伏藏不見也場功畢而大火入爾雅曰心爲大火詩豳風曰七月流火又曰九月築場圃也方斯之際處士山積學者川流衣裳被宇冠蓋雲浮譬猶衡陽之林岱陰之麓山南曰陽山北曰陰穀梁傳曰林屬於山曰麓伐尋抱不爲之稀蓺拱把不爲之數八尺曰尋蓺植也兩手曰拱數猶概也數音疏角反悠悠罔極

亦各有得悠悠衆多也罔極猶無窮也亦各有得言皆自㠯爲得也彼採其華我收其實舍之則藏已所學也彼衆人也論語曰用之則行舍之則藏故進動㠯道則不辭執珪而秉柱國呂氏春秋曰得伍員者位執珪前書音義曰古爵名也又曰柱國楚官猶秦之相國也復靜㠯理則甘糟糠而安藜藿夫君子非不欲仕也恥夸毗㠯求舉夸毗謂佞人足恭善爲進退非不欲室也惡登牆而摟處子孟子曰踰東家牆摟其處子則得妻不摟則不得將摟之乎趙岐注云摟牽也其字從手處子處女也叫呼衒鬻縣旌自表非隨和之寶也暴智燿世因㠯干祿非仲尼之道也華嶠書曰因字作回回邪也游不倫黨苟㠯徇己倫謂等倫黨謂朋黨徇營也言交非其類苟㠯營己而已汗血競時利合而友汗血謂勞力也競時謂趨時也利合而友不以道義虧行有枉徑而我非隨枉曲也徑道也臧否在予唯世所議固將因天質之自然誦上哲之高訓詠太平之清風行天下之至順懼吾躬之穢德勤百畝之不耘尚書曰穢德彰聞禮記曰夫人情者聖王之田也修禮以耕之陳義以種之講學以耨之古者夫田百畝耘除草也縶余馬㠯安行俟性命之所存安行不奔馳也天命之謂性言隱居以體命昔孔子起威於谷口解見陳禪傳

子笑我之沈滯吾亦病子屑屑而不已也屑屑猶區區也先人有則而我弗

晏嬰發勇於崔杼解見馮衍傳曹劌舉節於柯盟曹劌曹沫也史記曰曹沫以勇事魯莊公爲魯將與齊戰三敗莊公懼乃獻遂邑之地以和猶以爲將齊桓公與莊公會于柯盟桓公與莊公既盟於壇上曹沫以匕首劫齊桓公左右莫敢動乃還魯之侵地卞嚴克捷於彊禦新序曰卞莊子養母戰而三北交游非之國君辱之及母死三年齊與魯戰莊子請從遂赴敵而鬬三獲甲首曰夫三北以養母也今志節小具而責塞矣吾聞之節士不以辱生遂反敵殺十八而死君子曰三北已塞滅世斷宗於孝未終也范蠡錯埶於會稽錯置也音七故反埶謂謀略也史記曰吳王敗越於夫椒越王乃以餘兵五千人保於會稽吳師追而圍之越王謂范蠡曰奈何范蠡對曰卑辭厚禮以遺之句踐乃命大夫種行成於吳膝行頓首曰句踐請爲臣妻爲妾吳王乃赦越王越王反國拊循其士范蠡曰可矣乃伐吳吳師敗越復棲吳王姑蘇之山也伍員樹功於柏舉伍子胥名員楚人也子胥父誅於楚子胥挾弓矢而干吳王闔閭闔閭甚勇之爲興師伐楚戰於柏舉楚師敗績事見穀梁傳魯連辯言以退燕史記曰魯仲連齊人也燕將攻下齊聊城固保守之田單攻之不下魯仲連乃爲書遺燕將燕將見書泣三日乃自殺遂平聊城包胥單辭而存楚左傳曰楚昭王爲吳所敗奔隨申包胥如秦乞師曰吳爲封豕長蛇以荐食上國寡君越在草莽使下臣告急立依於庭牆而哭日夜不絕聲勺飲不入口七日秦師乃出軍敗吳復楚國唐且華顛以悟秦唐且卽唐雎也戰國策曰齊楚伐魏魏使人求救於秦不至魏人有唐雎者年九十餘矣西見秦王秦王曰丈人忙然乃遠至此魏來者數矣寡人知魏之急矣唐且曰夫魏萬乘之國也稱東藩者以秦之彊也今齊楚之兵已在魏郊矣大王之救不至魏急且割地而約從是王亡一萬乘之魏而强二敵之齊楚秦王悟遽發兵救魏爾雅曰顛頂也華顛謂白首也甘羅童牙而報趙甘羅下蔡人甘茂孫也年十二事秦相呂不韋秦使張唐往相燕羅曰借臣車五乘請爲張唐先報趙不韋乃言之於始皇召見使甘羅於趙趙襄王郊迎事見史記童牙謂幼小也原衰見廉於壺飧昔趙衰爲原大夫故曰原

襃左傳曰晉侯問原守於寺人勃鞮對曰昔趙襃以壺飧從徑餒而不食故使處原見音胡殿反**宣孟收德於束脯**呂覽曰昔趙宣孟將之絳見桑下有餓人宣孟止車下食而餔之再咽而能視宣孟問之曰汝何爲而餓若是對曰臣宦於絳歸而糧絶羞行乞故至於此宣子與脯三朐拜受而弗敢食問其故曰臣有老母將以遺之宣孟曰食之吾更與汝乃復與脯二束**吳札結信於丘木**史記曰吳公子季札使過徐徐君好季札劍口不敢言季札知之爲使上國未獻洎還至徐徐君已死於是乃解其寶劍繫之徐君冢樹而去**展季効貞於門女**展季柳下惠也韓詩外傳曰魯有男子獨處夜暴風雨至婦人趨而託之男子閉戶不納曰吾聞男女不六十不閒居婦人曰子何不學柳下惠然嫗不逮門之女國人不稱其亂焉**顔回明仁於度轂程嬰顯義於趙武**程嬰解見馮衍傳度轂未詳**僕誠不能編德於數者竊慕古人之所序元和中肅宗始修古禮巡狩方嶽駰上四巡頌㠯稱漢德辭甚典美文多故不載**案駰集有東西南北四巡頌流俗本四多作西者誤**帝雅好文章自見駰頌後常嗟歎之謂侍中竇憲曰卿寧知崔駰乎對曰班固數爲臣說之然未見也帝曰公愛班固而忽崔駰此葉公之好龍也試請見之**劉向新序曰子張見魯哀公七日哀公不禮焉而去曰君之好士有似葉公子高好龍天龍聞而降之窺頭於牖拖尾於堂葉公見之失其魂魄五色無主是葉公非好龍也好夫似龍而非龍者**駰由此候憲憲屣履迎門**屣履謂納履曳之而行言怱遽也屣音山爾反**笑謂駰曰亭伯吾受詔交公公何得薄哉遂揖入**

爲上客居無幾何帝幸憲第時駰適在憲所帝聞而欲召見之憲諫㠯爲不宜與白衣會帝悟曰吾能令駰朝夕在傍何必於此適欲官之會帝崩竇太后臨朝憲㠯重戚出內詔命駰獻書誡之曰駰聞交淺而言深者愚也在賤而望貴者惑也未信而納忠者謗也三者皆所不宜而或蹈之者思効其區區憤盈而不能已也竊見足下體淯淑之姿躬高明之量意美志厲有上賢之風駰幸得充下館列後陳（陳列也）是㠯竭其拳拳敢進一言傳曰生而富者驕生而貴者傲生富貴而能不驕傲者未之有也今寵祿初隆百僚觀行當堯舜之盛世處光華之顯時（尚書大傳曰舜時百工相和爲卿雲之歌曰卿雲爛兮糺漫漫兮日月光華旦復旦兮）豈可不庶幾夙夜㠯永衆譽弘申伯之美致周邵之事乎（申伯周宣王之元舅周公邵公皆輔佐周室也）語曰不患無位患所㠯立（論語曰孔子之言也言但患立身不處於仁義也）昔馮野王㠯外戚居位稱爲賢臣（前書曰馮野王字君卿妹爲元帝昭儀野王爲左馮翊御史大夫缺上使尚書選第中二千石而野王行能第一）近陰衛

尉克己復禮終受多福陰衛尉光烈皇后同母弟興也以謹敕親幸焉郯氏之宗非不尊也史丹封郯故云郯氏前書史丹字君仲魯國人也祖父恭有女弟武帝時爲衛太子良娣成帝即位擢丹爲長樂尉遷右將軍封爲武陽侯封東海郯之武彊聚以舊恩見褒賞賜累千金陽侯之族非不盛也重侯累將建天樞執斗柄王氏九侯五大司馬春秋運斗樞曰北斗七星第一名天樞第二至第四爲魁第五至第七爲杓杓即柄前書斗運中央制臨四海其所以獲譏於時垂愆於後者何也蓋在滿而不挹位有餘而仁不足也漢興以後迄於哀平外家二十保族全身四人而已外家當爲后家也二十者謂高帝呂后產祿謀反誅惠帝張皇后廢文帝母薄太后弟昭被殺孝文帝竇皇后從昆弟子嬰誅景帝薄皇后武帝陳皇后竝廢衛皇后自殺昭帝上官皇后家族誅宣帝祖母史良娣爲巫蠱死宣帝母王夫人弟子商下獄死霍皇后家破元帝王皇后弟子王莽篡位成帝許皇后賜死趙皇后廢自殺哀帝祖母傅太后家屬徙合浦平帝母衛姬家屬誅昭帝趙太后憂死是也四人者哀帝母丁姬景帝王皇后宣帝許皇后王皇后其家族竝全書曰鑒于有殷可不慎哉竇氏之興肇自孝文二君以淯淑守道成名先日竇太后之弟長君少君退讓君子不敢以富貴驕人故云淯淑守道也安豐以佐命著德顯自中興竇融封爲安豐侯內以忠誠自固外以法度自守卒享祚國垂祉於今夫謙德之光周易所美滿溢之位道家所戒易曰謙尊而光卑而不可踰老子曰富貴而驕自遺其咎功成名遂而身退天之道也故君子福大而愈懼爵隆

而益恭遠察近覽俯仰有則銘諸几杖刻諸盤杅（太公金匱曰武王曰吾欲造起居之誡隨之以身几之書曰安無忘危存無忘亾孰惟二者必後無凶杖之書曰輔人無苟扶人無容墨子曰堯舜禹湯書其事於竹帛琢之盤盂杅亦盂也）兢兢業業無殆無荒如此則百福是荷慶流無窮矣及憲爲車騎將軍辟駰爲掾憲府貴重掾屬三十人皆故刺史二千石惟駰以處士年少擢在其間憲擅權驕恣駰數諫之及出擊匈奴道路愈多不法駰爲主簿前後奏記數十指切長短憲不能容稍疏之因察駰高第出爲長岑長（長岑縣屬樂浪郡其地在遼東）駰自以遠去不得意遂不之官而歸永元四年卒于家所著詩賦銘頌書記表七依婚禮結言達旨酒警合二十一篇中子瑗

瑗字子玉早孤銳志好學盡能傳其父業年十八至京師從侍中賈逵質正大義逵善待之瑗因留游學遂明天官厤數京房易傳六日七分（解見郎顗傳）諸儒宗之與扶風馬融南陽張衡篤相友好初瑗

兄章爲州人所殺瑗手刃報仇因亾命會赦歸家家貧兄弟同居數十年鄉邑化之年四十餘始爲郡吏㠯事繫東郡發干獄發干縣之獄也獄掾善爲禮瑗間考訊時輒問㠯禮說其專心好學雖顛沛必於是後事釋歸家爲度遼將軍鄧遵所辟居無何遵被誅瑗免歸後復辟車騎將軍閻顯府時閻太后稱制顯入參政事先是安帝廢太子爲濟陰王而㠯北鄉侯爲嗣瑗㠯侯立不㠯正知顯將敗欲說令廢立而顯日沈醉不能得見乃謂長史陳禪曰中常侍江京陳達等得㠯嬖寵惑蠱先帝遂使廢黜正統扶立疎孽少帝即位發病廟中周勃之徵㠯斯復見呂后立惠帝後宮子爲少帝周勃廢之也今欲與長史君共求見說將軍白太后收京等廢少帝引立濟陰王必上當天心下合人望伊霍之功不下席而立則將軍兄弟傳祚於無窮若拒違天意久曠神器則將㠯無罪并辜元惡元大也書曰元惡大憝此所謂禍福之會分

功之時史記蔡澤說范睢曰君獨不觀夫博者乎或欲大投或欲分功今君相秦坐制諸侯使天下皆畏秦此亦秦分功之時也禪猶豫未敢從會北鄉侯薨孫程立濟陰王是爲順帝閻顯兄弟悉伏誅瑗坐被斥門生蘇祇具知瑗謀欲上書言狀瑗聞而遽止之時陳禪爲司隸校尉召瑗謂曰第聽祇上書禪請爲之證第但也司馬相如曰第如臨邛瑗曰此譬猶兒妾屏語耳願使君勿復出口遂辭歸不復應州郡命久之大將軍梁商初開莫府復首辟瑗自以再爲貴戚吏不遇被斥遂以疾固辭歲中舉茂才遷汲令汲縣名屬河內在事數言便宜爲人開稻田數百頃視事七年百姓歌之漢安初大司農胡廣少府竇章共薦瑗宿德大儒從政有迹不宜久在下位由此遷濟北相時李固爲太山太守美瑗文雅奉書禮致殷勤歲餘光祿大夫杜喬爲八使徇行郡國八使見周舉傳以臧罪奏瑗徵詣廷尉瑗上書自訟得理出會病卒年六十六臨終顧命子寔曰夫人稟天地之氣以生及其終也歸精

於天還骨於地何地不可藏形骸勿歸鄉里其賵贈之物羊豕之奠一不得受寔奉遺令遂留葬洛陽瑗高於文辭尤善爲書記箴銘所著賦碑銘箴頌七蘇瑗集載其文卽枚乘七發之流南陽文學官志歎辭移社文悔祈草書埶七言凡五十七篇其南陽文學官志稱於後世諸能爲文者皆自以弗及瑗愛士好賓客盛修肴膳單極滋味不問餘產居常蔬食菜羹而已家無擔石儲當世清之華嶠書曰瑗愛士好賓客盛修肴膳或言其太奢瑗聞之怒敕妻子曰吾并日而食以供賓客而反以獲譏士大夫不足養如此後勿過菜具無爲諸子所嗤終不能改奉祿盡於賓饗也

寔字子眞一名台字元始少沈靜好典籍父卒隱居墓側服竟三公竝辟皆不就桓帝初詔公卿郡國舉至孝獨行之士寔以郡舉徵詣公車病不對策除爲郎明於政體吏才有餘論當世便事數十條名曰政論指切時要言辯而確確堅正也音口角反當世稱之仲長統曰凡爲人主宜寫一通置之坐側其辭曰自堯舜之帝湯武之王皆

賴明哲之佐博物之臣故皐陶陳謨而唐虞㠯興伊箕作訓而殷周用隆伊尹作伊訓箕子作洪範及繼體之君欲立中興之功者曷嘗不賴賢哲之謀乎凡天下所不理者常由人主承平日久俗漸敝而不悟政寖衰而不改習亂安危怢不自覩怢音他沒反怢忽忘也或荒耽嗜欲不恤萬機或耳蔽箴誨厭僞忽眞厭飫姦僞輕忽至眞或猶豫歧路莫適所從或見信之佐括囊守祿易曰括囊無咎無譽括結也結囊不言持祿而已或疏遠之臣言㠯賤廢是㠯王綱縱弛於上智士鬱伊於下鬱伊不申之貌楚詞曰獨鬱伊而誰語也悲夫自漢興㠯來三百五十餘歲矣政令垢翫上下怠懈垢惡也風俗彫敝人庶巧僞百姓囂然咸復思中興之救矣且濟時拯世之術豈必體堯蹈舜然後乃理哉期於補綻決壞枝柱邪傾綻音直莧反禮記曰衣裳綻裂紉箴請補綴柱音陟主反隨形裁割要措斯世於安寍之域而已故聖人執權遭時定制權謂變也遭遇其時而定法制不循於舊也步驟之差各有云設不彊人㠯不能背急切而慕所聞也背當時之急切而慕所聞之事則非濟時之要

蓋孔子對葉公以來遠哀公以臨人景公以節禮非其不同所急異務也韓子曰葉公問政於仲尼仲尼曰政在悅近而來遠魯哀公問政於仲尼仲尼曰政在選賢齊景公問政於仲尼仲尼曰政在節財此云臨人節禮文不同也是以受命之君每輒創制中興之主亦匡時失昔盤庚愍殷遷都易民盤庚殷王也自耿遷於亳邑作書三篇以告之周穆有闕甫侯正刑甫侯卽呂侯也爲周穆王訓暢夏禹用刑之法竝見尚書俗人拘文牽古不達權制奇偉所聞簡忽所見烏可與論國家之大事哉故言事者雖合聖德輒見掎奪掎音居蟻反賈逵注國語曰從後牽曰掎何者其頑士闇於時權安習所見不知樂成況可慮始前書劉歆曰夫可與樂成難與慮始此乃衆庶所爲耳苟云率由舊章而已其達者或矜名妒能恥策非己舞筆奮辭以破其義寡不勝衆遂見擯棄雖稷契復存猶將困焉斯賈生之所以排於絳灌屈子之所以攄其幽憤者也孝文帝時賈誼請史定律令列侯就國周勃灌嬰等毁之屈原爲楚三閭大夫上官靳尙妒害其能憂愁憤懣遂作離騷經夫以文帝之明賈生之賢絳灌之忠而有此患況其餘哉故宜量力度德春秋之義左氏傳曰息侯伐鄭不度德不量力今既不能純法八世故宜參以

霸政（八世謂三王五帝也霸政謂齊桓晉文也）則宜重賞深罰以御之明著法術以檢之自非上德嚴之則理寬之則亂何以明其然也近孝宣皇帝明於君人之道審於爲政之理故嚴刑峻法破姦軌之膽海內清肅天下密如（密靜也）薦勳祖廟享號中宗算計見效優於孝文元帝卽位多行寬政卒以墮損（墮讀曰隳）威權始奪遂爲漢室基禍之主政道得失於斯可監昔孔子作春秋褒齊桓懿晉文歎管仲之功夫豈不美文武之道哉誠達權救敝之理也（左傳齊桓公伐楚責以包茅不貢王祭不供晉文公召王盟諸侯於踐土管仲相公子糾而射桓公此亦權變之道也）故聖人能與世推移而俗士苦不知變（楚詞漁父曰聖人不凝滯於物而與時推移也）以爲結繩之約可復理亂秦之緒干戚之舞足以解平城之圍（易曰上古結繩而化後世聖人易之以書契干盾也戚鉞也尚書曰苗人逆命禹乃舞干羽於兩階七旬有苗格前書高祖被匈奴圍於平城用陳平計得解言干戚之舞非平城之所用也）夫熊經鳥伸雖延厤之術非傷寒之理呼吸吐納雖度紀之道非續骨之膏（莊子曰吹嘘呼吸吐故納新熊經鳥伸此導引之士養形之人也黃帝素問曰人傷於寒而轉爲熱何也夫寒盛則生於熱也度紀猶延年也言鳥伸不可療傷寒吸氣不能續斷骨也）蓋爲國之

法有似理身平則致養疾則攻焉夫刑罰者治亂之藥石也德教者興平之粱肉也夫㠯德教除殘是㠯粱肉理疾也㠯刑罰理平是㠯藥石供養也方今承百王之敝值尼運之會自數世㠯來政多恩貸馭委其轡馬駘其銜四牡橫奔皇路險傾家語曰古者天子以德法爲銜勒以百官爲轡策善御馬者正銜勒齊轡策鈞馬力和馬心故口無聲而極千里善御人者一其德法正其百言均齊人物和安人心故刑不用而天下化也說文曰駘馬銜脫也音達來反皇路大路也方將拑勒鞬輈㠯救之豈暇鳴和鑾清節奏哉何休注公羊傳曰拑以木銜其口也拑音巨炎反勒馬轡輈車轅鞬猶束也說苑曰鑾設於鑣和設於軾馬動則鑾鳴鑾鳴則和應節也昔高祖令蕭何作九章之律有夷三族之令黥劓斬趾斷舌梟首故謂之具五刑文帝雖除肉刑當劓者笞三百當斬左趾者笞五百當斬右趾者棄市右趾者既殞其命笞撻者往往至死雖有輕刑之名其實殺也當此之時民皆思復肉刑至景帝元年乃下詔曰加笞與重罪無異幸而不死不可爲民乃定律減笞輕捶自是之後笞者得全此以上並見前書刑法志㠯此言之文帝乃

重刑非輕之也以嚴致平非以寬致平也必欲行若言當大定其本使人主師五帝而式三王式法也盪亾秦之俗遵先聖之風棄苟全之政蹈稽古之蹤復五等之爵立井田之制畝百爲夫九夫爲井然後選稷契爲佐伊呂爲輔樂作而鳳皇儀擊石而百獸舞尚書曰簫韶九成鳳皇來儀又夔曰於余擊石拊石百獸率舞若不然則多爲累而已其後辟太尉袁湯大將軍梁冀府竝不應大司農羊溥少府何豹上書薦寔才美能高宜在朝廷召拜議郎還大將軍冀司馬與邊韶延篤等著作東觀出爲五原太守五原土宜麻枲而俗不知織績民冬月無衣積細草而臥其中見吏則衣草而出寔至官斥賣儲峙爲作紡績織紝練縕之具以教之民得以免寒苦杜預注左傳曰織紝織布者孔安國論語注曰縕枲也是時胡虜連入雲中朔方殺略吏民一歲至九奔命寔整厲士馬嚴烽候虜不敢犯常爲邊最最爲第一以病徵拜議郎復與諸儒博士共雜定五經會梁冀誅寔以故吏

免官禁錮數年時鮮卑數犯邊詔三公舉威武謀略之士司空黃瓊薦寔拜遼東太守行道母劉氏病卒上疏求歸葬行喪母有母儀淑德博覽書傳初寔在五原常訓以臨民之政寔之善績母有其助焉服竟召拜尚書寔以世方阻亂稱疾不視事數月免歸初寔父卒剽賣田宅起冢塋立碑頌廣雅曰剽削也音四妙反一作標葬訖資產竭盡因窮困以酤釀販鬻為業時人多以此譏之寔終不改亦取足而已不致盈餘及仕宦歷位邊郡而愈貧薄建寧中病卒家徒四壁立無以殯斂光祿勳楊賜太僕袁逢少府段熲為備棺槨葬具大鴻臚袁隗樹碑頌德所著碑論箴銘答七言詞文表記書凡十五篇

寔從兄烈有重名於北州歷位郡守九卿靈帝時開鴻都門榜賣官爵公卿州郡下至黃綬各有差其富者則先入錢貧者到官而後倍輸或因常侍阿保別自通達阿保謂傅母也是時段熲樊陵張溫等雖

有功勳名譽然皆先輸貨財而後登公位烈時因傅母入錢五百萬得爲司徒及拜日天子臨軒百僚畢會帝顧謂親倖者曰悔不小靳可至千萬靳固惜之也靳或作鄿說文曰鄿引爲價也音一建反程夫人於傍應曰崔公冀州名士豈肯買官賴我得是反不知姝邪姝美也言反不知斯事之美也或作株根本也烈於是聲譽衰減久之不自安從容問其子鈞曰吾居三公於議者何如鈞曰大人少有英稱歷位卿守論者不謂不當爲三公而今登其位天下失望烈曰何爲然也鈞曰論者嫌其銅臭烈怒舉杖擊之鈞時爲虎賁中郎將服武弁戴鶡尾狼狽而走烈罵曰死卒父撾而走孝乎以其武官故駡爲卒或作孔卒者誤也鈞曰舜之事父小杖則受大杖則走非不孝也家語曰曾子耘瓜誤傷其根曾晳怒建大杖以擊其首曾子仆地不知人有頃乃蘇孔子聞之怒謂門弟子曰參來勿內也昔瞽叟有子曰舜瞽叟欲使之未嘗不在側欲殺之未嘗可得小箠則待大杖則逃不陷父於不義也烈慚而止烈後拜太尉鈞少交結英豪有名稱爲西河太守獻帝初鈞與袁紹俱起兵山東董卓㠯是收烈付郿獄錮之

鋃鐺鐵鎖說文曰鋃鐺鎖也前書曰人犯鑄錢以鐵鎖鋃鐺其頸鋃音郎鐺音當卓既誅拜烈城門校尉及李傕入長安爲亂兵所殺烈有文才所著詩書教頌等凡四篇

論曰崔氏世有美才兼以沈淪典籍遂爲儒家文林駰瑗雖先盡心於貴戚而能終之以居正則其歸旨異夫進趣者乎李固高絜之士也與瑗鄰郡奉贄以結好儀禮曰士相見之禮贄冬用雉夏用腒奉之曰某也欲見無由達腒乾雉音渠由此知名杜喬之劾殆其過矣寔之政論言當世理亂雖鼂錯之徒不能過也

贊曰崔爲文宗世禪雕龍史記曰談天衍彫龍奭劉向別錄曰言鄒奭修飾之文若雕龍文也禪謂相傳授也建新恥絜摧志求容永矣長岑于遼之陰不有直道曷取泥沈瑗不言祿亦離冤辱子眞持論感起昏俗

崔駰列傳第四十二

周黃徐姜申屠列傳第四十三

後漢書五十三

唐章懷太子賢注

易曰君子之道或出或處或默或語上繫之辭也言賢哲所行其趣異也孔子稱蘧伯玉邦有道則仕邦無道則可卷而懷也論語蘧伯玉名瑗衞大夫也卷而懷謂不預時政不忤於人者也然用舍之端君子之所以存其誠也誠實也孔子曰用之則行舍之則藏易曰閑邪存其誠故其行也則濡足蒙垢出身以效時新序曰申屠狄非時將自投河崔嘉聞而止之曰吾聞聖人從事於天地之閒人之父母也今為濡足之故不救溺人乎及其止也則窮棲茹菽臧寶以迷國爾雅曰啜茹也孫卿子曰君子啜菽飲水非愚也是節然也論語曰陽貨謂孔子曰懷其寶而迷其邦可謂仁乎太原閔仲叔者謝承書曰閔貢字仲叔世稱節士雖周黨之潔清自以弗及也黨見其含菽飲水遺以生蒜受而不食黨與仲叔同郡亦貞介士也見逸人傳皇甫謐高士傳曰黨見仲叔食無菜遺之生蒜仲叔曰我欲省煩耳今更作煩邪受而不食建武中應司徒侯霸之辟既至霸不及政事徒勞苦而已勞其勤苦也勞音力到反仲叔恨曰始蒙嘉命且喜且懼今見明公喜懼皆去以仲叔為不足問邪不當辟也辟而不問是失人也遂

辭出投劾而去（案罪曰劾自投其劾狀而去也投猶下也今有投辭投牒之言也）復以博士徵不至客居安邑老病家貧不能得肉日買猪肝一片屠者或不肯與安邑令聞敕吏常給焉仲叔怪而問之知乃嘆曰閔仲叔豈以口腹累安邑邪遂去客沛以壽終仲叔同郡荀恁字君大（恁音而甚反）少亦修清節資財千萬父越卒悉散與九族隱居山澤以求厥志王莽末匈奴寇其本縣廣武（廣武縣屬太原郡故城在今代州鴈門縣）聞恁名節相約不入荀氏閭光武徵以病不至永平初東平王蒼為驃騎將軍開東閤延賢俊辟而應焉及後朝會顯宗戲之曰先帝徵君不至驃騎辟君而來何也對曰先帝秉德以惠下故臣可得不來驃騎執法以檢下（檢猶察也）故臣不敢不至後月餘罷歸卒于家桓帝時安陽人魏桓字仲英亦數被徵其鄉人勸之行桓曰夫干祿求進所以行其志也今後宮千數其可損乎廄馬萬匹其可減乎左右悉權豪其可去乎皆對曰不可

桓乃慨然嘆曰使桓生行死歸於諸子何有哉（若忤時强諫死而後歸於諸勸行者復何益也）遂隱身不出若二三子可謂識去就之槩候時而處（槩節也候時以居不失去就也）夫然豈其枯槁苟而已哉蓋詭時審己以成其道焉（詭違也亦若違時志存量己也）余故列其風流區而載之（言其清潔之風各有條流故區別而紀之）

周燮字彥祖汝南安城人決曹掾燕之後也（燕見獨行篇周嘉傳）燮生而欽頤折頞醜狀駭人（頤頷也欽頤曲頷也說文曰頞鼻莖也折亦曲也欽音丘凡反欽或作顉音同）其母欲棄之其父不聽曰吾聞賢聖多有異貌（伏羲牛首女媧蛇軀皋陶鳥喙孔子牛脣是聖賢異貌也又蔡澤亦顉頤蹙頞）興我宗者乃此兒也於是養之始在髫鬌而知廉讓（髫髮也禮記曰子生三月之末擇日翦髮為鬌男角女羈否則男左女右鬌音徒果反）十歲就學能通詩論及長專精禮易不讀非聖之書不修賀問之好有先人草廬結于岡畔（山脊曰岡）下有陂田常肆勤以自給（肆陳也）非身所耕漁則不食也鄉黨宗族希得見者（謝承書曰燮居家清處非法不言兄弟父子室家相待如賓鄉曲不善者皆從其教也）舉孝廉賢良方正特徵皆以疾辭延光二年安帝以玄纁羔幣

聘燮禮卿執羔董仲舒春秋繁露曰凡贄卿用羔羔有角而不用類仁者執之不鳴殺之不嗥類死義者羔飲其母必跪類知禮者故以爲贄及南陽馮良二郡各遣丞掾致禮宗族更勸之曰夫修德立行所以爲國自先世以來勳寵相承君獨何爲守東岡之陂乎燮曰吾旣不能隱處巢穴追綺季之跡綺季東園公夏黃公角里先生謂之四皓隱於商山見前書也而猶顯然不遠父母之國斯固以滑泥揚波同其流矣滑混也楚詞何不滑其泥而揚其波滑音古沒反夫修道者度其時而動動而不時焉得亨乎亨通也書曰慮善以動動惟厥時因自載到潁川陽城遣生送敬遂辭疾而歸送敬酒致謝也良亦載病到近縣送禮而還送禮猶送其所致之禮也詔書告二郡歲以羊酒養病良字君郎出於孤微少作縣吏年三十爲尉從佐從佐謂隨從而已不主案牘也奉檄迎督郵卽路慨然恥在厮役厮賤也因壞車殺馬毀裂衣冠乃遁至犍爲從杜撫學妻子求索蹤迹斷絕後乃見草中有敗車死馬衣裳腐朽謂爲虎狼盜賊所害發喪制服積十許年乃還鄉里志行高整非禮不動遇妻子如君臣鄉黨以爲儀

表變艮年皆七十餘終

黃憲字叔度汝南慎陽人也在慎水之南因以名縣南陽有慎陽國而流俗書此或作順陽者誤世貧賤父爲牛醫潁川荀淑至慎陽遇憲於逆旅逆旅客舍時年十四淑竦然異之揖與語移日不能去謂憲曰子吾之師表也既而前至袁閎閎一作闔所未及勞問逆曰子國有顏子寧識之乎顏子顏回也閎曰見吾叔度邪是時同郡戴良才高倨傲而見憲未嘗不正容及歸罔然若有失也其母問曰汝復從牛醫兒來邪對曰良不見叔度不自以爲不及既覩其人則瞻之在前忽焉在後論語顏回嘆孔子之言也固難得而測矣同郡陳蕃周舉常相謂曰時月之閒不見黃生則鄙吝之萌復存乎心吝貪也及蕃爲三公臨朝歎曰叔度若在吾不敢先佩印綬矣太守王龔在郡禮進賢達多所降致卒不能屈憲郭林宗少游汝南先過袁閎不宿而退進往從憲累日方還或以問林宗郭泰別傳曰時林宗過辭恭祖恭祖問曰聞足下見袁奉高車不停軌鑾

不輟軛從叔度乃彌信徧也林宗曰奉高之器譬諸汎濫雖清而易挹奉高閎字也爾雅曰側出汎泉正出濫泉汎音範濫音檻叔度汪汪若千頃陂澄之不清淆之不濁不可量也淆混也憲初舉孝廉又辟公府友人勸其仕憲亦不拒之暫到京師而還竟無所就年四十八終天下號曰徵君

論曰黃憲言論風旨無所傳聞然士君子見之者靡不服深遠去玼吝玼音此說文曰鮮色也據此文當為疵作玼者古字通也將吕道周性全無德而稱乎道周備性全一無德而稱言其德大無能名焉余曾祖穆侯晉書曰范汪字玄平安北將軍謚曰穆侯汪生甯甯生泰泰生曄吕為憲隤然其處順易繫辭曰坤隤然示人簡矣隤柔順貌淵乎其似道老子曰道沖而用之或不盈淵乎似萬物之宗言淵深不可知也淺深莫臻其分清濁未議其方廣雅曰方所也若及門於孔氏其殆庶乎易繫辭曰顏氏之子其殆庶幾乎殆近也故嘗著論云

徐穉字孺子豫章南昌人也豫章郡今洪州也南昌縣即今豫章縣也謝承書曰穉少為諸生學嚴氏春秋京氏易歐陽尚書兼綜風角星官算歷河圖七緯推步變易異行矯時俗閭里服其德化有失物者縣吕相還道無拾遺四察孝廉五辟宰府三舉茂才也家貧常自耕稼非其力

不食恭儉義讓所居服其德屢辟公府不起時陳蕃爲太守㠯禮請署功曹穉不之免既謁而退蕃在郡不接賓客唯穉來特設一榻去則縣之後舉有道家拜太原太守就家而拜之也皆不就延熹二年尙書令陳蕃僕射胡廣等上疏薦穉等曰臣聞善人天地之紀政之所由也左傳曰晉三郤害伯宗譖而殺之及欒弗忌韓獻子曰郤氏其不免乎善人天地之紀也而驟絕之不亡何待也詩云思皇多士生此王國大雅文王之詩也思願也皇天也思願天多生賢人於此王國天挺俊乂爲陛下出當輔弼明時左右大業者也左右助也伏見處士豫章徐穉彭城姜肱汝南袁閎閎見袁安傳謝承書曰閎少修志節矯俗高厲京兆韋著著見韋彪傳謝承書曰爲三輔冠族著少修節操持京氏易韓詩博通術藝潁川李曇德行純備著于人聽若使擢登三事協亮天工必能翼宣盛美增光日月矣桓帝乃㠯安車玄纁備禮徵之並不至帝因問蕃曰徐穉袁閎韋著孰爲先後蕃對曰閎生出公族聞道漸訓著長于三輔禮義之俗所謂不扶自直不鏤自雕說苑曰蓬生枲中不扶自直也至於穉者爰自江南卑薄

之域而角立傑出宜當爲先（如角之特立也）稺嘗爲太尉黃瓊所辟不就及瓊卒歸葬稺乃負糧徒步到江夏赴之設雞酒薄祭哭畢而去不告姓名（謝承書曰稺諸公所辟雖不就有死喪負笈赴弔常於家豫炙雞一隻以一兩綿絮漬酒中暴乾以裹雞徑到所起冢隧外以水漬綿使有酒氣斗米飯白茅爲藉以雞置前醊酒畢留謁則去不見喪主）時會者四方名士郭林宗等數十人聞之疑其稺也乃選能言語生茅容輕騎追之及於塗容爲設飯共言稼穡之事臨訣去謂容曰爲我謝郭林宗大樹將顛非一繩所維何爲栖栖不遑寧處（顚仆也維繫也喻時將衰季豈一人可能救邪）及林宗有母憂稺往弔之置生芻一束於廬前而去衆怪不知其故林宗曰此必南州高士徐孺子也詩不云乎生芻一束其人如玉（小雅白駒詩此戒賢者行所舍主人之餼雖薄要就賢主人其德如玉然也）吾無德㠯堪之靈帝初欲蒲輪聘稺會卒時年七十二子胤字季登篤行孝悌亦隱居不仕（謝承書曰胤少遭父母喪致哀毀瘁嘔血發病服闋隱居林藪躬耕稼穡勸則誦經貧寠困乏執志彌固不受惠於人也）太守華歆禮請相見固病不詣（魏志曰歆字子魚平原人爲豫章太守爲政清淨不煩吏人咸感而愛之）漢末寇賊縱橫皆

敬脩禮行轉相約勑不犯其閒建安中卒李曇字雲少孤繼母嚴酷曇事之愈謹謝承書曰曇少喪父躬事繼母繼母酷烈曇性純孝定省恪勤妻子恭奉寒苦執勞不以爲怨得四時珍玩先以進母與徐孺子等海內列名五處士焉爲鄉里所稱法養親行道終身不仕

姜肱字伯淮彭城廣戚人也廣戚故城今徐州沛縣東家世名族謝承書曰祖父豫章太守父任城相也肱與二弟仲海季江俱以孝行著聞其友愛天至常共臥起謝承書曰肱性篤孝事繼母恪勤母既年少又嚴厲肱感凱風之孝兄弟同被而寢不入房室以慰母心也及各娶妻兄弟相戀不能別寢以係嗣當立乃遞往就室肱博通五經兼明星緯士之遠來就學者三千餘人諸公爭加辟命皆不就二弟名聲相次亦不應徵聘時人慕之肱嘗與季江謁郡夜於道遇盜欲殺之肱兄弟更相爭死賊遂兩釋焉謝承書曰肱與季江俱乘車行適野廬爲賊所劫取其衣物欲殺其兄弟肱謂盜曰弟年幼父母所憐愍又未聘娶願自殺身濟弟季江言兄年德在前家之珍寶國之英俊乞自受戮以代兄命盜戢刃曰二君所謂賢人吾等不良妄相侵犯棄物而去肱車中尚有數千錢盜不見也使從者追以與之亦復不受肱以物經歷盜手因以付亭吏而去也但掠奪衣資而已既至郡中見肱無衣服怪問其故肱託以他辭終不

言盜盜聞而感悔後乃就精廬精廬卽精舍也求見徵君肱與相見皆叩頭謝罪而還所略物肱不受勞以酒食而遣之後與徐穉俱徵不至桓帝乃下彭城使畫工圖其形狀肱臥於幽闇以被韜面韜藏也言感眩疾不欲出風工竟不得見之中常侍曹節等專執朝事新誅太傅陳蕃大將軍竇武欲借寵賢德以釋衆望乃白徵肱爲太守肱得詔乃私告其友曰吾以虛獲實遂藉聲價明明在上猶當固其本志況今政在閹豎夫何爲哉乃隱身遯命遠浮海濱再以玄纁聘不就卽拜太中大夫詔書至門謝承書曰靈帝手筆下詔曰肱抗陵雲之志養浩然之氣以朕德薄未肯降志昔許由不屈王道爲化夷齊不撓周德不虧州郡以禮優順勿失其意肱使家人對云久病就醫遂羸服間行竄伏青州界中賣卜給食召命得斷家亦不知其處歷年乃還年七十七熹平二年終于家弟子陳留劉操追慕肱德共刊石頌之

申屠蟠字子龍陳留外黃人也九歲喪父哀毀過禮服除不進酒

內十餘年母忌日輒三日不食海內先賢傳曰蟠在冢側致甘露白雉以孝稱同郡緱氏女玉爲父報讎緱姓也殺夫氏之黨吏執玉以告外黃令梁配續漢書曰同縣大女緱玉爲從父報讎殺夫之從母兄李士姑執玉以告吏也配欲論殺玉蟠時年十五爲諸生進諫曰玉之節義足以感無恥之孫激忍辱之子不遭明時尚當表旌廬墓況在清聽而不加哀矜配善其言乃爲讞得減死論讞請也鄉人稱美之家貧傭爲漆工郭林宗見而奇之同郡蔡邕深重蟠及被州辟乃辭讓之曰申屠蟠稟氣玄妙性敏心通喪親盡禮幾於毀滅至行美義人所鮮能安貧樂潛味道守真不爲燥濕輕重律歷志曰銅爲物至精不爲燥濕寒暑變其節不爲風雨暴露改其形介然有常似於士君子之行不爲窮達易節易曰窮則獨善其身達則兼善天下方之於邕以齒則長以德則賢後郡召爲主簿不行謝承書曰蟠前後徵辟文書悉挂于樹初不顧眄也遂隱居精學博貫五經兼明圖緯始與濟陰王子居同在太學子居臨歿以身託蟠蟠乃躬推輦車送喪歸于鄉里遇司隸從事於河鞏之間百官志曰司隸從事史十二人秩百石也

從事義之爲封傳護送（傳謂符牒使人監送之）蟠不肯受投傳於地而去事畢還學太尉黃瓊辟不就及瓊卒歸葬江夏四方名豪會帳下者六七千人（帳下葬處）互相談論莫有及蟠者唯南郡一生與相酬對既別執蟠手曰君非聘則徵如是相見於上京矣蟠勃然作色曰始吾以子爲可與言也何意乃相拘教樂貴之徒邪（樂音五孝反）因振手而去不復與言再舉有道不就（謝承書曰詔書令郡以禮發遣蟠到河南萬歲亭折轅而旋也）先是京師游士汝南范滂等非訐朝政自公卿以下皆折節下之（訐謂橫議是非也訐或作評也）太學生爭慕其風以爲文學將興處士復用蟠獨歎曰昔戰國之世處士橫議（孟子曰聖王不作諸侯恣行處士橫議前書曰秦既稱帝患周之敗以爲起於處士橫議諸侯力爭音義曰言由橫議而敗之）列國之王至爲擁篲先驅（史記騶衍如燕昭王擁篲先驅請列弟子之坐而受業築碣石宮身親往師之）卒有阬儒燒書之禍今之謂矣乃絕迹於梁碭之間（梁國有碭縣）因樹爲屋自同傭人（謝承書曰居蓬萊之室依桑樹以爲棟也）居二年滂等果罹黨錮或死或刑者數百人蟠確然免於疑論後蟠友人陳

郡馮雍坐事繫獄豫州牧黄琬欲殺之或勸蟠救雍蟠不肯行曰黄子琰爲吾故邪未必合罪如不用吾言雖往何益琬聞之遂免雍罪大將軍何進連徵不詣進必欲致之使蟠同郡黄忠書勸曰前莫府初開至如先生特加殊禮優而不名申㠯手筆設几杖之坐經過二載而先生抗志彌高所尚益固竊論先生高節有餘於時則未也今潁川荀爽載疾在道北海鄭玄北面受署彼豈樂羈牽哉知時不可逸豫也昔人之隱遭時則放聲滅迹巢棲茹薇放棄也謂棄聲名也巢棲謂巢父也說文薇似藿也其不遇也則祼身大笑被髮狂歌楚詞曰桑扈祼行史記曰箕子被髮佯狂歌謂楚狂接輿歌而過孔子也今先生處平壤壤地也游人間吟典籍襲衣裳事異昔人而欲遠蹈其迹不亦難乎孔氏可師何必首陽孔子使子路語隱者云不仕無義長幼之節不可廢也君臣之義如之何其可廢也欲潔其身而亂大倫首陽夷齊所隱山也蟠不荅中平五年復與爽玄及潁川韓融融字元長韶之子也見韶傳陳紀等十四人並博士徵不至明年董卓廢立蟠及爽融

紀等復俱公車徵〔續漢志曰徵爽爲司空融爲尙書紀爲侍中〕唯蟠不到衆人咸勸之蟠笑而不應居無幾爽等爲卓所脅迫西都長安京師擾亂及大駕西遷公卿多遇兵飢室家流散融等僅以身脫唯蟠處亂末終全高志年七十四終于家

贊曰琛寶可懷貞期難對〔琛寶喻道德也貞期謂明時也對偶也〕道苟違運理用同廢與其遐棲豈若蒙穢〔蒙穢謂仕亂朝〕悽悽碩人陵阿窮退〔碩人謂賢者悽悽飢病貌也言賢者退而窮處詩國風曰考槃在阿碩人之邁曲陵曰阿陵升也邁飢也邁音苦戈反〕韜伏明姿甘是堙曖〔堙沈也曖猶翳也〕

周黃徐姜申屠列傳第四十三

後漢書五十三

楊震列傳第四十四 子秉　孫賜　曾孫彪　玄孫修　後漢書五十四

唐章懷太子賢注

楊震字伯起弘農華陰人也八世祖喜高祖時有功封赤泉侯史記曰喜追殺項羽以功封高祖敞昭帝時爲丞相封安平侯父寶續齊諧記曰寶年九歲時至華陰山北見一黃雀爲鴟梟所搏墜於樹下爲螻蟻所困寶取之以歸置巾箱中唯食黃花百餘日毛羽成乃飛去其夜有黃衣童子向寶再拜曰我西王母使者君仁愛救拯實感成濟以白環四枚與寶令君子孫絜白位登三事當如此環矣習歐陽尚書哀平之世隱居教授居攝二年與兩龔蔣詡俱徵遂遁逃不知所處龔勝字君賓龔舍字君倩蔣詡字元卿並以高節著名見前書光武高其節建武中公車特徵老病不到卒于家震少好學受歐陽尚書於太常桓郁明經博覽無不窮究諸儒爲之語曰關西孔子楊伯起常客居於湖今湖城縣不答州郡禮命數十年續漢志曰教授二十餘年州請召數稱病不就少孤貧獨與母居假地種植以給供養諸生嘗有助種藍者震輒拔更以距其後鄉里稱孝也衆人謂之晚暮而震志愈篤後有冠雀銜三鱣魚飛集講堂前冠音貫即鸛雀也鱣音善韓子云鱣似蛇臣賢案續漢及謝承書鱣字皆作鱓然則鱣鱓古字通也鱣魚長者不過三尺黃地黑文故都講云蛇鱓卿大夫之服象

也。郭璞云：鱣魚長二三丈。音知然反。安有鸛雀能勝二三丈乎？此爲鱣明矣。都講取魚進曰：「蛇鱣者，卿大夫服之象也。數三者，法三台也。先生自此升矣。」年五十，乃始仕州郡。大將軍鄧騭聞其賢而辟之，舉茂才，四遷荊州刺史、東萊太守。當之郡，道經昌邑，昌邑故城在今兗州金鄉縣西北。故所舉荊州茂才王密爲昌邑令，謁見，至夜懷金十斤以遺震。震曰：「故人知君，君不知故人，何也？」密曰：「暮夜無知者。」震曰：「天知，神知，我知，子知。何謂無知！」密愧而出。後轉涿郡太守。性公廉，不受私謁。子孫常蔬食步行，故舊長者或欲令爲開產業，震不肯，曰：「使後世稱爲清白吏子孫，以此遺之，不亦厚乎！」元初四年，徵入爲太僕，遷太常。先是博士選舉多不以實，震舉薦明經名士陳留楊倫等，倫字仲桓。謝承書曰：薦楊仲桓等五人，各從家拜博士。顯傳學業，諸儒稱之。永寧元年，代劉愷爲司徒。明年，鄧太后崩，內寵始橫。安帝乳母王聖，因保養之勤，緣恩放恣；聖子女伯榮出入宮掖，傳通姦賂。震上疏曰：「臣聞政以得賢爲本，理以去穢爲務。墨子曰：夫尚賢者，政本也。左傳曰：爲國者如農夫之務去草焉。是以唐虞俊乂在官，四凶流放，天下咸服，以致雍熙。尚書曰：四罪而天下咸服。又曰：黎人於變時雍，庶績咸熙。雍，和也。熙，廣也。方今九德未事，尚書皋繇謨曰：亦行有九德，寬而栗，柔而立，愿而恭，亂而敬，擾而毅，直而溫，簡而廉，剛而塞，彊而誼。又曰：九德咸事，俊乂在官。嬖倖充庭。謚法曰：賤而得愛曰嬖。阿母王聖出自賤微，得遭千載，奉養聖躬，雖有推燥居溼之勤，孝經援神契曰：母之於子也，鞠養殷勤，推燥居溼，絕少分甘也。前後賞惠，過報勞苦，而無厭之心，不知紀極，左傳曰：縉雲氏有不材子，聚斂積實，不知紀極。外交屬託，擾亂天下，損辱清朝，塵點日月。書誡牝雞牡鳴，牝，雌也。牡，雄也。尚書：古人有言，牝雞無晨，牝雞之晨，惟家之索。詩刺哲婦喪國。詩大雅曰：哲夫成城，哲婦傾城。昔鄭嚴公從母氏之欲，恣驕弟之情，幾至危國，然後加討，春秋貶之，以爲失教。嚴公，莊公也，避明帝諱改焉。左傳：鄭莊公殺母弟段，稱鄭伯，譏失教也。夫女子小人，近之喜，遠之怨，實爲難養。論語曰：唯女子與小人爲難養也，近之則不遜，遠之則怨也。易曰：「無攸遂，在中饋。」家人卦六二爻辭也。鄭玄注曰：二爲陰爻，得正於內；五陽爻也，得正於外。猶婦人自修正于內，丈夫修正于外。無攸遂，言婦人無敢自遂也。爻體離，又互體坎，火位在下，水在上，飪之象也。饋，食也，故云在中饋也。言婦人不得與於政事也。宜速出阿母，令居外舍，斷絕伯榮，莫使往來，令恩德兩隆上下俱美惟陛下絕婉孌之私割不忍之心詩國風候人篇序曰曹共公遠君子而近小人其詩曰婉兮孌兮季女斯飢婉少貌孌好貌也留神萬機誡慎拜爵減省獻御損節徵發令野無鶴鳴之嘆詩小雅序曰鶴鳴誨宣王也鄭玄注云教周宣王求賢人之未仕者其詩曰鶴鳴于九皐聲聞于野言身隱而名著喻賢者雖隱居人咸知之朝無小明之悔詩小雅序曰小明大夫悔仕於亂也小明者言周幽王日小其明損其政事以至於亂大東不興於今詩小雅序大東刺亂也其詩曰小東大東杼柚其空鄭玄注云小亦於東大亦於東言賦斂多也勞止不怨於下詩小雅序曰人勞刺厲王也其詩曰人亦勞止迄可小康擬蹤往古比德哲王豈不休哉奏御帝以示阿母等內倖皆懷忿恚而伯榮驕淫尤甚與故朝陽侯劉護從兄瓌交通護泗水王歙之從曾孫瓌遂以為妻得襲護爵位至侍中震深疾之復詣闕上疏曰臣聞高祖與群臣約非功臣不得封故經制父死子繼兄亡弟及以防篡也公羊傳曰劉子單子以王猛入于王城者何西周也其言入何篡辭也冬十月王子猛卒此未踰年之君其稱王子猛卒何不予當也不予當者不與當父死子繼兄亡弟及也伏見詔書封故朝陽侯劉護再從兄瓌襲護爵為侯護同產弟威今猶見在臣聞天子專封封有功諸侯專爵爵有德今瓌無他功行但以配阿母

安一時之間既位侍中又至封侯不稽舊制不合經義行人諠譁
百姓不安陛下宜覽鏡既往順帝之則書奏不省延光二年代劉
愷爲太尉帝舅大鴻臚耿寶薦中常侍李閏兄於震震不從寶乃
自往候震曰李常侍國家所重欲令公辟其兄寶唯傳上意耳言非己本
心傳在上之意震曰如朝廷欲令三府辟召故宜有尚書敕遂拒不許寶大
恨而去皇后兄執金吾閻顯亦薦所親厚於震震又不從司空劉
授聞之漢官儀授字孟春武原人即辟此二人旬日中皆見拔擢由是震益見怨時
詔遣使者大爲阿母修第中常侍樊豐及侍中周廣謝惲等更相
扇動傾摇朝廷震復上疏曰臣聞古者九年耕必有三年之儲故
堯遭洪水人無菜色言有儲蓄人無食菜之飢色也臣伏念方今災害發起彌彌滋甚
彌彌猶稍稍也韋孟詩曰彌彌其失也百姓空虛不能自贍重以螟蝗羌虜鈔掠三邊震擾
戰鬭之役至今未息兵甲軍糧不能復給大司農帑藏匱乏殆非

社稷安寧之時伏見詔書爲阿母興起津城門內第舍津城門洛陽南面西頭門也合兩爲一連里竟街合兩坊而爲一宅里即坊也雕修繕飾窮極巧伎今盛夏土王而攻山採石其大匠左校別部將作合數十處續漢志將作大匠秩二千石左校令秩六百石轉相迫促爲費巨億周廣謝惲兄弟與國無肺腑枝葉之屬依倚近倖姦佞之人與樊豐王永等分威共權屬託州郡傾動大臣宰司辟召承望旨意招來海內貪汙之人受其貨賂至有臧錮棄世之徒復得顯用有臧賄禁錮之人也白黑溷淆淸濁同源天下讙譁咸曰財貨上流爲朝結譏臣聞師言上之所取財盡則怨力盡則叛怨叛之人不可復使故曰百姓不足君誰與足論語有若對魯哀公之詞惟陛下度之豐惲等見震連切諫不從無所顧忌遂詐作詔書調發司農錢穀大匠見徒材木各起家舍園池廬觀役費無數震因地震復上疏曰臣蒙恩備台輔不能奉宣政化調和陰陽去年十一月四日京師地動

臣聞師言地者陰精當安靜承陽而今動搖者陰道盛也其日戊辰三者皆土位在中宮（戊干辰支皆土也并地動故言三者）此中臣近官盛於持權用事之象也臣伏惟陛下以邊境未寧躬自菲薄宮殿垣屋傾倚枝柱而已（倚邪也柱音竹主反）無所興造欲令遠近咸知政化之清流商邑之翼翼也（詩商頌商邑翼翼四方之極也）而親近倖臣未崇斷金（易繫辭曰二人同心其利斷金言邪佞之臣不與上同心）驕溢踰法多請徒士盛修第舍賣弄威福道路讙譁衆所聞見地動之變近在城郭殆爲此發又冬無宿雪春節未雨百僚燋心而繕修不止誠致旱之徵也書曰僭恒陽若臣無作威作福玉食（尚書洪範之辭也僭差也若順也君行僭差則常陽順之也言唯君得專威福爲美食）唯陛下奮乾剛之德（易曰大哉乾乎剛健中正純粹精也）棄驕奢之臣以掩訞言之口奉承皇天之戒無令威福久移於下震前後所上轉有切至帝既不平之而樊豐等皆側目憤怨俱以其名儒未敢加害尋有河間男子趙騰詣闕上書指陳得失帝發怒遂收考詔

獄結以罔上不道震復上疏救之曰臣聞堯舜之世諫鼓謗木立之於朝帝王紀曰堯置敢諫之鼓舜立誹謗之木殷周哲王小人怨詈則還自敬德尚書曰自殷王中宗及高宗及祖甲及我周文王茲四人迪哲厥或告之曰小人怨汝詈汝則皇自敬德也所以達聰明開不諱博採負薪盡極下情也今趙騰所坐激訐謗語爲罪與手刃犯法有差乞爲虧除全騰之命以誘芻蕘輿人之言輿衆也詩曰詢于芻蕘左氏傳曰聽輿人之謀也帝不省騰竟伏尸都市會三年春東巡岱宗樊豐等因乘輿在外競修第宅震部掾高舒召大匠令史考校之史謂府吏也得豐等所詐下詔書具奏須行還上之豐等聞惶怖會太史言星變逆行遂共譖震云自趙騰死後深用怨懟懟怨也且鄧氏故吏有恚恨之心震初鄧騭辟之故曰故吏及車駕行還便時太學且於太學待吉時而後入也故曰便時前書便時上林延壽門也夜遣使者策收震太尉印綬於是柴門絕賓客豐等復惡之乃請大將軍耿寶奏震大臣不服罪懷恚望有詔遣歸本郡震行至城西夕陽亭乃慷慨謂其諸子門

人曰悽慨悲歎死者士之常分吾蒙恩居上司疾姦臣狡猾而不能誅惡嬖女傾亂而不能禁何面目復見日月身死之日以雜木爲棺布單被裁足蓋形勿歸冢次勿設祭祠因飲酖而卒時年七十餘弘農太守移良風俗通曰齊公子雍食菜於移其後氏焉承樊豐等旨遣吏於陝縣留停震喪露棺道側謝承書曰震臨没謂諸子以牛車薄簀載柩還歸讁震諸子代郵行書道路皆爲隕涕說文郵境上行書舍也廣雅曰郵驛也歲餘順帝即位樊豐周廣等誅死震門生虞放陳翼詣闕追訟震事朝廷咸稱其忠乃下詔除二子爲郎贈錢百萬以禮改葬於華陰潼亭墓在今潼關西大道之北其碑尚存遠近畢至先葬十餘日有大鳥高丈餘集震喪前俯仰悲鳴淚下霑地葬畢乃飛去郡以狀上續漢書曰大鳥來止亭樹下地安行到柩前正立低頭淚出衆人更共摩撫抱持終不驚駭謝承書曰其鳥五色高丈餘兩翼長二丈三尺人莫知其名也時連有災異帝感震之枉乃下詔策曰故太尉震正直是與俾匡時政而青蠅點素同茲在藩藩樊也詩云營營青蠅止于樊愷悌君子無信讒言青蠅汙白使黑汙黑使白喻佞人變亂善惡也上天降威災眚屢作

爾卜爾筮惟震之故朕之不德用彰厥咎山崩棟折我其危哉禮記
曰孔子將終歌曰泰山其頹乎梁木其壞乎今使太守丞㠯中牢具祠魂而有靈儻其歆享於
是時人立石鳥象於其墓所震之被譖也高舒亦得罪㠯減死論
及震事顯舒拜侍御史至荊州刺史震五子長子牧富波相富波縣屬汝南
郡牧孫奇靈帝時爲侍中帝嘗從容問奇曰朕何如桓帝對曰陛
下之於桓帝亦猶虞舜比德唐堯帝不悅曰卿强項眞楊震子孫
强項言不低屈也光武謂董宣爲强項令也死後必復致大鳥矣出爲汝南太守帝崩後復入
爲侍中衞尉從獻帝西遷有功勤及李傕脅帝歸其營奇與黃門
侍郞鍾繇誘傕部曲將宋曅楊昂令反傕傕由此孤弱帝乃得東
魏志曰繇爲黃門侍郞傕脅天子繇與尚書郞韓斌同策謀天子得出長安繇有力焉後徙都許追封奇子亮爲陽成亭侯
亮舊宅在閿鄉縣西南震少子奉奉子敷篤志博聞議者㠯爲能世其家敷早卒
子衆亦傳先業㠯謁者僕射從獻帝入關累遷御史中丞及帝東

還夜走度河衆率諸官屬步從至太陽拜侍中（太陽縣屬河東郡）建安二年追前功封務亭侯（郡國志桃林縣有務鄉音莫老反）震中子秉

秉字叔節少傳父業兼明京氏易博通書傳常隱居教授年四十餘乃應司空辟拜侍御史頻出爲豫荆徐兗四州刺史遷任城相自爲刺史二千石計日受奉餘祿不入私門故吏齎錢百萬遺之閉門不受以廉絜稱桓帝卽位以明尚書徵入勸講（勸講猶侍講也）拜太中大夫左中郎將遷侍中尚書帝時微行私過幸河南尹梁胤府舍（胤梁冀子也）是日大風拔樹晝昏秉因上疏諫曰臣聞瑞由德至災應事生傳曰禍福無門唯人自召（左傳閔子馬之詞）天不言語以災異譴告是以孔子迅雷風烈必有變動詩云敬天之威不敢驅馳（詩大雅曰敬天之怒無敢戲豫敬天之渝無敢驅馳與此文稍異也）王者至尊出入有常警蹕而行靜室而止（蹕止行人也靜室謂先使清宮也前書音義曰漢有靜室令也）自非郊廟之事則鑾旗不駕（漢官儀曰前驅有雲罕皮軒鑾旗車也）故詩稱自郊徂宮（詩大雅雲漢之詞也郊祭天也）易曰王假

有廟致孝享也萃卦辭也假至也假音格諸侯如臣之家春秋尙列其誡左傳齊莊公如崔杼之家爲杼所殺也況吕先王法服而私出槃游法服謂天子服日月星辰山龍華蟲藻火粉米黼黻十二章降亂尊卑等威無序等威謂威儀有等差也左傳曰貴有常尊賤有等威也侍衞守空宫紱璽委女妾設有非常之變任章之謀前書曰代郡太守任宣坐謀反誅宣子章爲公車丞亡在渭城界中夜玄服入廟居廊間執戟立于廟門待上至欲爲逆發覺伏誅也上負先帝下悔靡及臣奕世受恩奕猶重也得備納言納言尙書又吕薄學充在講勸特蒙哀識見照日月恩重命輕義使士死敢憚摧折略陳其愚帝不納秉吕病乞退出爲右扶風太尉黄瓊惜其去朝廷上秉勸講帷幄不宜外遷留拜光祿大夫是時大將軍梁冀用權秉稱病六年冀誅後乃拜太僕遷太常延熹三年白馬令李雲吕諫受罪秉爭之不能得坐免官歸田里謝承書曰秉免歸雅素清儉家至貧窶并日而食任城故孝廉景慮齎錢百餘萬就以餉秉秉閉門距絶不受其年冬復徵拜河南尹先是中常侍單超弟匡爲濟陰太守吕臧罪爲刺史第五種所劾窘急乃賂客任方刺兖州從事衞羽事已見

種傳及捕得方因繫洛陽臣慮秉當窮究其事密令方等得突獄亡走尚書召秉詰責秉對曰春秋不誅黎比而魯多盜左傳曰邾庶其以漆閭丘來奔於是魯多盜臣賢案黎比莒國之君恐別有所據也方等無狀釁由單臣刺執法之吏害奉公之臣復命令得逃竄寬縱罪身元惡大憝終爲國害乞檻車徵臣考覈其事則姦慝蹤緒必可立得而秉竟坐輸作左校以久旱赦出會日食太山太守皇甫規等訟秉忠正不宜久抑不用有詔公車徵秉及處士韋著二人各稱疾不至有司並劾秉著大不敬請下所屬正其罪尚書令周景與尚書邊韶議奏秉儒學侍講常在謙虛著隱居行義以退讓爲節俱徵不至誠違側席之望然逶迤退食足抑苟進之風詩國風羔羊詩曰退食自公委蛇委蛇退食謂減膳也從於公謂正直順於事也委蛇委曲自得之貌也夫明王之世必有不召之臣堯時許由禹時伯成子高湯時務光等聖朝弘養宜用優游之禮可告在所屬喻以朝廷恩意如遂不至詳議其罰於是重徵乃到拜太常五

年冬代劉矩爲太尉是時宦官方熾任人及子弟爲官任謂保任布滿天下競爲貪淫朝野嗟怨秉與司空周景上言內外吏職多非其人自頃所徵皆特拜不試致盜竊縱恣怨訟紛錯舊典中臣子弟不得居位秉埶而今枝葉賓客布列職署或年少庸人典據守宰上下忿患四方愁毒可遵用舊章退貪殘塞災謗請下司隸校尉中二千石城門五營校尉北軍中候各實覈所部應當斥罷自以狀言三府廉察有遺漏續上帝從之於是秉條奏牧守以下匈奴中郎將燕瑗青州刺史羊亮遼東太守孫諠等五十餘人或死或免天下莫不肅然時郡國計吏多留拜爲郎秉上言三署見郎七百餘人三署郎解見安帝紀帑臧空虛浮食者衆而不良守相欲因國爲池澆濯釁穢宜絶橫拜以塞覬覦之端左傳曰下無覬覦杜預注曰無冀望上位自此終桓帝世計吏無復留拜者七年南巡園陵特詔秉從南陽太守張彪與帝微時

有舊恩以車駕當至因傍發調多以入私秉聞之下書責讓荊州刺史以狀副言公府南陽郡荆州所部也及行至南陽左右並通姦利詔書多所除拜秉復上疏諫曰臣聞先王建國順天制官尚書曰明王奉若天道建邦設都孔安國注云天有日月北斗五星二十八宿皆有尊卑相正之法明王奉順此道建邦設都太微積星名爲郎位史記天官書曰太微宮五帝坐後聚一十五星蔚然曰郎位積聚也入奉宿衞出牧百姓皋陶誡虞在於官人尚書皋陶誡舜曰在知人在官人也頃者道路拜除恩加豎隸爵以貨成化由此敗所以俗夫巷議白駒遠逝孔子曰天下有道庶人不議詩小雅曰皎皎白駒食我場苗所謂伊人於焉逍遙言宣王官失其人賢者乘白駒而去之穆穆清朝遠近莫觀宜割不忍之恩以斷求欲之路於是詔除乃止時中常侍侯覽弟參爲益州刺史累有臧罪暴虐一州明年秉劾奏參檻車徵詣廷尉參惶恐道自殺謝承書曰秉奏參取受罪臧累億牂柯男子張攸居爲富室參橫加非罪云造訛言殺攸家八人沒入廬宅又與同郡諸生李元之官共飲酒醉飽之後戲故相犯誣言有淫慝之罪應時捶殺以人臣之勢行桀紂之態傷和逆理痛感天地宜當糾持以謝一州又曰京兆尹袁逢於長安客舍中得參重車三百餘乘金銀珍玩不可稱紀秉因奏覽及中常侍具瑗曰臣案國舊典宦豎之官本在給使省闥

司昬守夜而今猥受過寵執政操權其阿諛取容者則因公襃舉㠯報私惠有忤逆於心者必求事中傷肆其凶忿居法王公富擬國家飲食極肴膳僕妾盈紈素雖季氏專魯穰侯擅秦何㠯尚茲季氏魯卿世專魯政孔子曰季氏富於周公史記曰穰侯魏冉者秦昭王母宣太后弟也爲秦相國侈富於王室尚猶加也案中常侍侯覽弟參貪殘元惡自取禍滅覽固知釁重必有自疑之意臣愚㠯爲不宜復見親近昔懿公刑邴歜之父奪閻職之妻而使二人參乘卒有竹中之難春秋書之㠯爲至戒左傳曰齊懿公之爲公子也與邴歜之父爭田弗勝及即位乃掘而刖之而使歜僕納閻職之妻而使職驂乘夏五月公游于申池歜以扑抶職職怒歜曰人奪汝妻而不怒一抶汝庸何傷職曰與刖其父而弗能病者何如乃謀殺懿公納諸竹中歸舍爵而行也蓋鄭詹來而國亂四佞放而衆服公羊傳曰鄭詹自齊逃來何以書甚佞也曰佞人來後魯莊公取齊淫女卒爲後敗四佞卽四凶也㠯此觀之容可近乎覽宜急屏斥投畀有虎畀與也詩小雅曰取彼譖人投畀豺虎若斯之人非恩所宥請免官送歸本郡書奏尚書召對秉掾屬曰召秉掾屬問之公府外職而奏劾近官經典漢制有故事乎秉使對曰春秋趙鞅㠯晉陽之甲

逐君側之惡公羊傳曰趙鞅取晉陽之甲以逐荀寅士吉射曷爲此逐君側之惡人也傳曰除君之惡唯力是視左傳曰晉寺人披言也鄧通懈慢申屠嘉召通詰責文帝從而請之前書鄧通文帝幸臣爲太中大夫居上傍怠慢丞相申屠嘉罷朝坐府中召通至不爲禮責曰通小臣戲殿上大不敬當斬通頓首盡出血上使使持節召通而謝丞相此吾弄臣君釋之漢世故事三公之職無所不統尚書不能詰帝不得已竟免覽官而削瑗國每朝廷有得失輒盡忠規諫多見納用秉性不飲酒又早喪夫人遂不復娶所在以淳白稱嘗從容言曰我有三不惑酒色財也八年薨時年七十四賜塋陪陵子賜

賜字伯獻少傳家學篤志博聞常退居隱約教授門徒不荅州郡禮命後辟大將軍梁冀府非其好也出除陳倉令因病不行公車徵不至連辭三公之命後以司空高第再遷侍中越騎校尉建寧初靈帝當受學詔太傅三公選通尚書桓君章句宿有重名者三公舉賜乃侍講於華光殿中洛陽宮殿名曰華光殿在崇光殿北遷少府光祿勳熹平元

年靑虵見御坐帝以問賜賜上封事曰臣聞和氣致祥乖氣致災休徵則五福應休美也徵驗也五福一曰壽二曰富三曰康寧四曰攸好德五曰考終命咎徵則六極至咎惡也六極一曰凶短折二曰疾三曰憂四曰貧五曰惡六曰弱並見尚書夫善不妄來災不空發王者心有所惟意有所想雖未形顏色而五星以之推移陰陽爲其變度以此而觀天之與人豈不符哉尚書曰天齊乎人假我一日是其明徵也我謂君也天意欲整齊于人必假於君也今尚書文假作俾俾使也義亦通夫皇極不建則有蛇龍之孼洪範五行傳曰皇大也極中也建立也孼災也君不合大中是謂不立虵龍陰類也詩云惟虺惟蛇女子之祥詩小雅也虺蛇穴居陰之類故爲女子之祥也故春秋兩蛇鬭於鄭門昭公殆以女敗洪範五行傳曰初鄭厲公劫相祭仲而篡兄昭公立爲鄭君後雍糾之難厲公出奔鄭人立昭公既立內蛇與外蛇鬭鄭南門中內蛇死是時傅瑕仕於鄭欲內厲公故內蛇死者昭公將敗厲公將勝之象也是時昭公宜布恩施惠以撫百姓舉賢崇德以厲羣臣觀察左右以省姦謀則內變不得生外謀無由起矣昭公不覺果殺於傅瑕二子死而厲公入此其効也詩云惟虺唯蛇女子之祥鄭昭公殆以女子敗矣康王一朝晏起關雎見幾而作前書曰佩玉晏鳴關雎嘆之音義曰后夫人雞鳴佩玉去君所周康王后不然故詩人嘆而傷之此事見魯詩今亡失也夫女謁行則讒夫昌讒夫昌則苞苴通故殷湯以之自戒終濟亢旱之災洪範曰湯自伐桀後大旱七年洛川竭使人持

三足鼎祝於山川曰政不節邪使人疾邪苞苴行邪讒夫昌邪宮室榮邪女謁行邪何不雨之極言未已而天大雨惟陛下思乾剛之道別內
外之宜崇帝乙之制受元吉之祉易泰卦六五曰帝乙歸妹以祉元吉也抑皇甫之權割豔
妻之愛豔妻周幽王后褒姒也皇甫卿士等皆后之黨用后嬖寵而居位也詩云皇甫卿士豔妻煽方處也則蛇變可消禎祥立應
殷戊宋景其事甚明殷王太戊時桑穀共生於朝修德而桑穀死景公時熒惑守心修德而星退舍並見史記二年代唐珍
爲司空以災異免復拜光祿大夫秩中二千石五年代袁隗爲司
徒是時朝廷爵授多不以次而帝好微行遊幸外苑賜復上疏曰
臣聞天生蒸民不能自理蒸眾也故立君長使司牧之司主也牧養也是以唐虞
兢兢業業兢兢戒慎業業危懼尚書皋陶謨曰兢兢業業一日二日萬機周文日昃不暇尚書曰文王自朝至於日中昃弗遑暇食明慎
庶官俊乂在職三載考績尚書曰三載考績黜陟幽明也以觀厥成而今所序用無他
德有形埶者旬日累遷守真之徒歷載不轉勞逸無別善惡同流
北山之詩所爲訓作詩小雅曰陟彼北山言採其杞偕偕士子朝夕從事大夫不均我從事獨賢又聞數微行出幸
苑囿觀鷹犬之埶極槃遊之荒槃樂也詩云槃于遊田書曰內作色荒外作禽荒政事日墮許規切大

化陵遲陛下不顧二祖之勤止二祖高祖光武也詩云文王既勤止追慕五宗之美蹤文帝太宗武帝世宗宣帝中宗明帝顯宗章帝肅宗也而欲已望太平是由曲表而欲直景卻行而求及前人也孫卿子曰猶立枉木而求其影之直也韓詩外傳曰夫明鏡所以照形也往古所以知今也夫知惡往古之惡而不知修今之善惡往古之所以危亡而不知襲積其所以安存則無以異乎卻行而求逮於前人也宜絕慢懱之戲念宮人之重割用板之恩慎貫魚之次板謂詔書也易剝卦曰貫魚以宮人寵言王者御宮人如貫魚之有次序也無令醜女有四殆之歎劉向列女傳曰鍾離春者齊無鹽邑之女齊宣王之正后也其為人也極醜無雙臼頭深目長壯大節卬鼻結喉肥項少髮折腰凸胸皮膚若漆年四十行嫁不售自謂宣王舉手撫膝曰殆哉殆哉曰今王之國西有衡秦之患南有強楚之讎外有二國之難一旦山陵崩弛社稷不安此一殆也漸臺五重萬人罷極此二殆也賢者伏匿於山林諂諛被強於左右此三殆也飲酒沈湎以夜繼晝外不修諸侯之禮內不秉國家之政此四殆也遐邇有憤怨之聲臣受恩偏特忝任師傅不敢自同凡臣括囊避咎括結也易曰括囊無咎無譽謹自手書密上後坐辟黨人免復拜光祿大夫光和元年有虹蜺晝降於嘉德殿前洛陽記殿在九龍門內郭景純注爾雅曰雙出色鮮盛者為雄曰虹闇者為雌曰蜺帝惡之引賜及議郎蔡邕等入金商門崇德署戴延之西征記曰太極殿西有金商門使中常侍曹節王甫問以祥異禍福所在賜仰天而歎謂節等曰吾每

讀張禹傳未嘗不憤恚歎息不能竭忠盡情極言其要而反留意少子乞還女壻張禹成帝時爲丞相以師傅恩禹每疾輒以起居聞車駕自臨問之拜禹牀下禹頓首謝恩言老臣有四男一女愛女甚於男遠嫁爲張掖太守蕭咸妻不勝父子私情思與女相近上卽時徙咸爲弘農太守又禹少子未有官上臨候禹禹數視其少子上卽禹牀下拜爲黃門給事中也朱游欲得尚方斬馬劍以理之固其宜也朱雲字游張禹以帝師尊重雲上書求見公卿在前雲曰今朝廷大臣不能匡主臣願得尚方斬馬劍斷佞臣一人頭以厲其餘上問誰也對曰安昌侯張禹尚方少府之屬官也作供御器物故有斬馬劍利可以斬馬也並見前書吾以微薄之學充先師之末累世見寵無以報國猥當大問死而後已乃書對曰臣聞之經傳或得神以昌或得神以亡左傳曰有神降于莘周內史過曰國之將興明神降之監其德也將亡神又降之觀其惡也故有得神以興亦有以亡國語曰昔夏之興也祝融降于崇山其亡也回祿信于黔隧商之興也檮杌次於丕山其亡也夷羊在牧周之興也鸑鷟鳴於岐山其衰也杜伯射王於鄗也國家休明則鑒其德邪辟昏亂則視其禍今殿前之氣應爲虹蜺皆妖邪所生不正之象詩人所謂蝃蝀者也韓詩序曰蝃蝀刺奔女也蝃蝀在東莫之敢指詩人言蝃蝀在東者邪色乘陽人君淫佚之徵臣子爲君父隱藏故言莫之敢指蝃音帝蝀音東於中孚經曰蜺之比無德以色親易稽覽圖中孚經之文也比類也鄭玄注曰蜺邪氣也陰無德以好色得親幸於陽也方今內多嬖倖外任小臣上下並怨諠譁盈路是以

災異屢見前後丁盛今復投蜺可謂孰矣孰成也案春秋讖曰天投蜺天下怨海内亂春秋演孔圖曰蜺者斗之亂精也失度投蜺見宋均注曰投霓投䧟也加四百之期亦復垂及漢終于四百年解見獻帝紀昔虹貫牛山管仲諫桓公無近妃宮春秋文曜鉤曰白虹貫牛山管仲諫曰無近妃宮君恐失權齊侯大懼退去色黨更立賢輔使后出望上牛山四面聽之以厭神宋均注曰山君位也虹蜺陰氣也陰氣貫之君惑於妻黨之象也望謂祭以謝過也流俗本山作升者誤也易曰天垂象見吉凶聖人則之上繫之詞則效也今妾媵嬖人閹尹之徒共專國朝欺罔日月又鴻都門下招會羣小造作賦說以蟲篆小技見寵於時法言曰賦者童子雕蟲篆刻壯夫不爲也如驩兜共工更相薦說尚書驩兜曰都共工方鳩孱功旬月之間並各拔擢樂松處常伯任芝居納言郄儉梁鵠俱以便辟之性佞辯之心各受豐爵不次之寵而令搢紳之徒委伏畎畝口誦堯舜之言身蹈絶俗之行棄捐溝壑不見逮及冠履倒易陵谷代處楚詞曰冠履兮雜處詩曰高岸爲谷深谷爲陵從小人之邪意順無知之私欲不念板蕩之作虺蜴之誡詩大雅序曰板凡伯刺厲王也其詩曰上帝板板下人卒癉蕩召穆公傷周室大壞也其詩曰蕩蕩上帝下民之辟又云哀今之人胡爲虺蜴注云蜴蠑螈也虺蜴之性見人則走

哀哉今之人何爲如是傷時政也殆哉之危莫過於今無鹽女之詞解見上幸賴皇天垂象譴告周書曰天子見怪則修德諸侯見怪則修政卿大夫見怪則修職士庶人見怪則修身唯陛下愼經典之誡圖變復之道謂變改而銷復之斥遠佞巧之臣速徵鶴鳴之士內親張仲外任山甫詩曰張仲孝友又曰袞職有闕仲山甫補之皆周宣王賢臣也斷絶尺一抑止槃游留思庶政無敢怠遑冀上天還威衆變可弭老臣過受師傅之任數蒙寵異之恩豈敢愛惜垂沒之年而不盡其慺慺之心哉慺慺猶勤勤也音力侯反書奏甚忤曹節等蔡邕坐直對抵罪徙朔方賜以師傅之恩故得免咎其冬行辟雍禮引賜爲三老復拜少府光祿勳代劉郃爲司徒帝欲造畢圭靈琨苑賜復上疏諫曰竊聞使者並出規度城南人田欲以爲苑昔先王造囿裁足以修三驅之禮薪萊芻牧皆悉往焉先帝之制左開鴻池右作上林鴻池在洛陽東上林在西不奢不約以合禮中今猥規郊城之地以爲苑囿壞沃衍杜預

注左傳曰衍沃平美之地也廢田園驅居人畜禽獸殆非所謂若保赤子之義書曰若保赤子唯人其康乂也今城外之苑已有五六陽嘉元年起西苑延熹二年造顯陽苑洛陽宮殿名有平樂苑上林苑桓帝延熹元年置鴻德苑也可以逞情意順四節也逞快也四節謂春蒐夏苗秋獮冬狩也宜惟夏禹卑宮孔子曰禹惡衣服卑宮室也太宗露臺之意文帝欲作露臺召匠計之直百金帝曰百金中人十家之產吾奉先帝宮室常恐羞之何以臺為也以慰下民之勞書奏帝欲止以問侍中任芝中常侍樂松松等曰昔文王之囿百里人以為小齊宣五里人以為大孟子齊宣王問曰文王之囿方七十里人猶以為小寡人之囿方四十里人猶以為大何也曰文王之囿方七十里芻蕘者往焉雉兔者往焉與人同之猶以為小不亦宜乎此云文王百里齊宣五里與孟子不同也今與百姓共之無害於政也帝悅遂令築苑四年賜以病罷居無何拜太常詔賜御府衣一襲衣單複具曰襲自所服冠幘綬玉壺革帶金錯鉤佩金錯以金閒錯其文五年冬復拜太尉中平元年黃巾賊起賜被召會議詣省閤切諫忤旨因以寇賊免先是黃巾帥張角等執左道稱大賢以誑燿百姓天下繦負歸之賜時在司徒召掾劉陶告曰張角等遭赦不悔而稍益滋

蔓今若下州郡捕討恐更騷擾速成其患且欲切勅刺史二千石簡別流人各護歸本郡以孤弱其黨然後誅其渠帥可不勞而定何如陶對曰此孫子所謂不戰而屈人之兵廟勝之術也孫子曰未戰而廟勝得算多也未戰而廟不勝得算少也賜遂上書言之會去位事留中謂所論事留在禁中未施用之後帝徙南宮閱錄故事得賜所上張角奏及前侍講注籍籍錄所注之乃感悟下詔封賜臨晉侯邑千五百戶臨晉縣屬馮翊故城在今同州朝邑縣西南初賜與太尉劉寬司空張濟濟字元江細陽人也張輔曾孫並入侍講自以不宜獨受封賞上書願分戶邑於寬濟帝嘉歎復封寬及濟子拜賜尚書令數日出爲廷尉賜自以代非法家言曰三后成功惟殷于民皋陶不與焉蓋吝之也吝恥也殷盛也尚書曰伯夷降典折人惟刑禹平水土主名山川稷降播種農植嘉穀三后成功惟殷於人言皋陶不預其數者蓋恥之遂固辭以特進就第二年九月復代張溫爲司空其月薨天子素服三日不臨朝贈東園梓器襚服賜錢三百萬布五百匹策曰故司空臨晉侯賜華嶽所挺

九德純備挺生也九德卽皐陶謨九德三葉宰相輔國以忠朕昔初載授道帷幄詩大雅曰文王初載毛萇注云載識也遂階成勳以陟大猷師範之功昭于內外庶官之務勞亦勤止七在卿校殊位特進五登袞職弭難乂盭雖受茅土未答厥勳哲人其萎將誰諮度朕甚懼焉禮記曰孔子負手曳杖消搖于門歌曰太山其頽乎梁木其壞乎哲人其萎乎禮設殊等物有服章今使左中郎將郭儀持節追位特進前書張禹爲丞相以老罷就第以列侯朝朔望位特進見禮如丞相漢雜事曰諸侯功德優盛朝廷所敬異賜位特進在三公下贈司空驃騎將軍印綬及葬又使侍御史持節送喪蘭臺令史十人發羽林騎輕車介士續漢書輕車古之戰車也洞朱輪輿不巾不蓋菑矛戟幢麾菑音側事反菑謂插也前後部鼓吹又敕驃騎將軍官屬司空法駕送至舊塋續漢志三公列侯車倚鹿伏熊黑轓朱斑輪鹿文飛軨九斿降龍騎吏四人皆帶劒持棨戟爲前列三百石長導從置門下五吏賊曹功曹皆帶劒車道主簿主記兩車爲從也公卿已下會葬諡文烈侯及小祥又會焉子彪嗣禮朞而小祥又朞而大祥鄭玄注云祥吉也言其漸卽吉也

彪字文先少傳家學初舉孝廉州舉茂才辟公府皆不應熹平中

㠯博習舊聞公車徵拜議郎（華嶠書曰與馬日磾盧植蔡邕等著作東觀）遷侍中京兆尹光和中黃門令王甫使門生於郡界辜榷官財物七千餘萬（華嶠書曰甫使門生王翘辜榷解見靈帝紀）彪發其姦言之司隷司隷校尉陽球因此奏誅甫天下莫不愜心徵還爲侍中五官中郎將遷潁川南陽太守復拜侍中三遷永樂少府太僕衞尉中平六年代董卓爲司空其冬代黃琬爲司徒明年關東兵起董卓懼欲遷都㠯違其難（違避也）乃大會公卿議曰高祖都關中十有一世光武宮洛陽於今亦十世矣案石包讖宜徙都長安㠯應天人之意百官無敢言者彪曰移都改制天下大事故盤庚五遷殷民胥怨（盤庚殷王之名也胥相也遷都于亳殷人相與怨恨湯遷亳仲丁遷囂河亶甲居相祖乙居耿并盤庚五遷也）昔關中遭王莽變亂宮室焚蕩民庶塗炭百不一在光武受命更都洛邑今天下無虞（虞度也言無可度之事也書曰四方無虞）百姓樂安明公建立聖主光隆漢祚無故捐宗廟棄園陵恐百姓驚動必有糜沸之亂（如糜粥之沸也詩曰如沸如羹）石

包室讖妖邪之書豈可信用卓曰關中肥饒故秦得幷吞六國且隴右材木自出致之甚易又杜陵南山下有武帝故瓦陶竈數千所幷功營之可使一朝而辦百姓何足與議若有前卻我以大兵驅之可令詣滄海[言不敢避險難也]彪曰天下動之至易安之甚難惟明公慮焉卓作色曰公欲沮國計邪[沮止也]太尉黃琬曰此國之大事楊公之言得無可思卓不荅司空荀爽見卓意壯恐害彪等因從容言曰相國豈樂此邪山東兵起非一日可禁故當遷以圖之此秦漢之埶也卓意小解爽私謂彪曰諸君堅爭不止禍必有歸故吾不爲也議罷卓使司隸校尉宣播以災異奏免琬彪等詣闕謝卽拜光祿大夫十餘日遷大鴻臚從入關轉少府太常以病免復爲京兆尹光祿勳再遷光祿大夫三年秋代淳于嘉爲司空以地震免復拜太常興平元年代朱儁爲太尉錄尚書事及李傕郭汜之亂

彪盡節衛主崎嶇危難之閒幾不免於害語在董卓傳及車駕還洛陽復守尚書令建安元年從東都許時天子新遷大會公卿兖州刺史曹操上殿見彪色不悅恐於此圖之未得讌設託疾如廁因出還營彪㠯疾罷時袁術僭亂操託彪與術婚姻誣㠯欲圖廢置奏收下獄劾㠯大逆獻帝春秋曰操刑之不濫君之明也楊彪獲罪懼者甚多將作大匠孔融聞之不及朝服往見操曰楊公四世清德海內所瞻周書父子兄弟罪不相及左傳曰康誥曰父不慈子不祗兄不友弟不恭不相及也況㠯袁氏歸罪楊公易稱積善餘慶徒欺人耳易文言曰積善之家必有餘慶操曰此國家之意融曰假使成王殺邵公周公可得言不知邪今天下纓緌搢紳說文曰纓冠索也鄭玄注禮記曰緌冠飾也紳帶也搢插也插笏於紳也或作縉者淺赤言帶之色所㠯瞻仰明公者㠯公聰明仁智輔相漢朝舉直厝枉致之雍熙也今橫殺無辜則海內觀聽誰不解體左傳曰季文子謂晉韓穿曰四方諸侯誰不解體杜預注曰言不復肅敬也孔融魯國男子明日便當拂衣而去不復朝矣若以非罪殺彪融則還為魯國一男子不復更來朝也

操不得已遂理出彪四年復拜太常十年免十一年諸吕恩澤爲侯者皆奪封彪父賜以師傅封臨晉侯彪見漢祚將終遂稱腳攣不復行積十年後子修爲曹操所殺操見彪問曰公何瘦之甚對曰愧無日磾先見之明猶懷老牛舐犢之愛前書曰金日磾子二人武帝所愛以爲弄兒其後弄兒壯大不謹自殿下與宮人戲日磾適見之惡其淫亂遂殺弄兒操爲之改容

修字德祖好學有俊才爲丞相曹操主簿典略曰修建安中舉孝廉除郎中丞相請署倉曹屬主簿是時軍國多事修總知內外事皆稱意自魏太子以下並爭與交好用事曹氏及操自平漢中欲因討劉備而不得進欲守之又難爲功護軍不知進止何依操於是出教唯曰雞肋而已外曹莫能曉修獨曰夫雞肋食之則無所得棄之則如可惜公歸計決矣乃令外白稍嚴操於此迴師修之幾決多有此類修又嘗出行籌操有問外事乃逆爲荅記勑守舍兒若有令出依次通之既而果然如是者三操怪其速使廉之知狀廉察也於此忌修且

以袁術之甥慮爲後患遂因事殺之續漢書曰人有白修與臨淄侯曹植飲醉共載從司馬門出謗訕鄢陵侯章太祖聞之大怒故遂收殺之時年四十五矣修所著賦頌碑讚詩哀辭表記書凡十五篇及魏文帝受禪欲以彪爲太尉先遣吏示旨彪辭曰彪備漢三公遭世傾亂不能有所補益耄年被病豈可贊惟新之朝遂固辭乃受光祿大夫賜几杖衣袍續漢書曰魏文帝詔曰先王制几杖之賜所以賓禮黃耇太尉楊彪乃祖以來世著名績其賜公延年杖延請之日便使杖入也因朝會引見令彪著布單衣鹿皮冠杖而入待以賓客之禮年八十四黃初六年卒于家自震至彪四世太尉德業相繼與袁氏俱爲東京名族云華嶠書曰東京楊氏袁氏累世宰相爲漢名族然袁氏車馬衣服極爲奢僭能守家風爲世所貴不及楊氏也

論曰孔子稱危而不持顛而不扶則將焉用彼相矣論語載孔子之言也相扶持者諭臣當輔君也誠以負荷之寄不可以虛冒負荷之寄周公霍光之儔崇高之位憂重責深也延光之間震爲上相抗直方以臨權枉坤六二曰直方大不習無不利也先公道而後身名可謂懷王臣之節易曰王臣蹇蹇匪躬之故識所任之體矣遂累葉載德易曰德積載載重也

繼踵宰相信哉積善之家必有餘慶先世韋平方之蔑矣[韋賢平當父子並相繼爲丞相]

贊曰楊氏載德仍世柱國[言世爲國柱臣也]震畏四知秉去三惑賜亦無諱彪誠匪忒[忒差也]修雖才子渝我湣則[渝變也]

楊震列傳第四十四

後漢書五十四

章帝八王傳第四十五

後漢書五十五

唐章懷太子賢注

孝章皇帝八子宋貴人生清河孝王慶梁貴人生和帝申貴人生濟北惠王壽河閒孝王開四王不載母氏

千乘貞王伉建初四年封和帝卽位以伉長兄甚見尊禮立十五年薨子寵嗣一名伏胡永元七年改國名樂安立二十八年薨是爲夷王父子薨于京師皆葬洛陽子鴻嗣安帝崩始就國鴻生質帝質帝立梁太后下詔曰樂安國土卑溼租委鮮薄改鴻封勃海王（委謂委輸也）立二十六年薨是爲孝王無子太后立桓帝弟蠡吾侯悝爲勃海王奉鴻祀（悝蠡吾侯翼子河閒王開孫也）延熹八年悝謀爲不道有司請廢之帝不忍乃貶爲癭陶王食一縣悝後因中常侍王甫求復國許謝錢五千萬帝臨崩遺詔復爲勃海王悝知非甫功不肯還謝錢甫

怒陰求其過初迎立靈帝道路流言悝恨不得立欲鈔徵書而中常侍鄭颯音立中黃門董騰並任俠通剽輕數與悝交通剽疾也王甫司察以爲有姦密告司隸校尉段熲熹平元年遂收颯送北寺獄北寺獄名屬黃門署前書音義曰即若盧獄也使尚書令廉忠誣奏颯等謀迎立悝大逆不道遂詔冀州刺史收悝考實又遣大鴻臚持節與宗正廷尉之勃海迫責悝悝自殺妃妾十一人子女七十人伎女二十四人皆死獄中傅相以下以輔導王不忠悉伏誅悝立二十五年國除衆庶莫不憐之

平春悼王全續漢志平春縣屬江夏郡也以建初四年封其年薨葬于京師無子國除

清河孝王慶母宋貴人貴人宋昌八世孫扶風平陵人也昌文帝時爲中尉以代邸功封壯武侯父揚以恭孝稱於鄉閭不應州郡之命楊姑即明德馬后之

外祖母也馬后聞揚二女皆有才色迎而訓之永平末選入太子宮甚有寵肅宗即位並爲貴人建初三年大貴人生慶明年立爲皇太子徵揚爲議郎襃賜甚渥貴人長於人事供奉長樂宮身執饋饌太后憐之太后崩後竇皇后寵盛以貴人姊妹並幸慶爲太子心內惡之與母比陽主謀陷宋氏比陽主東海王彊女外令兄弟求其纖過內使御者偵伺得失偵候也音丑政反廣雅曰偵問也後於掖庭門邀遮得貴人書云病思生菟令家求之因誣言欲作蠱道祝詛以菟爲厭勝之術日夜毀譖貴人母子遂漸見疏慶出居承祿觀數月竇后諷掖庭令誣奏前事請加驗實七年帝遂廢太子慶而立皇太子肇肇梁貴人子也乃下詔曰皇太子有失惑無常之性爰自孩乳至今益章恐襲其母凶惡之風不可以奉宗廟爲天下主大義滅親況降退乎左傳衞石碏殺其子厚君子曰石碏純臣也惡州吁而厚預焉大義滅親其是之謂乎今廢慶爲清河王皇子肇保育皇

后承訓懷衽導達善性將成其器蓋庶子慈母尚有終身之恩儀禮喪服曰慈母如母謂妾子之無母父命妾養之故曰慈母如母者貴父之命也豈若嫡后事正義明哉今㠯肇爲皇太子遂出貴人姊妹置丙舍使小黃門蔡倫考實之皆承風旨傅致其事傅讀曰附乃載送暴室二貴人同時飲藥自殺續漢志曰暴室署名主中婦人疾病也帝猶傷之勑掖庭令葬于樊濯聚在洛陽城北也於是免揚歸本郡郡縣因事復捕繫之揚友人前懷令山陽張峻左馮翊沛國劉均等奔走解釋得㠯免罪揚失志憔悴卒于家慶時雖幼而知避嫌畏禍言不敢及宋氏帝更憐之勑皇后令衣服與太子齊等太子特親愛慶入則共室出則同輿及太子卽位是爲和帝待慶尤渥諸王莫得爲比常共議私事後慶㠯長別居丙舍永元四年帝移幸北宮章德殿講於白虎觀慶得入省宿止帝將誅竇氏欲得外戚傳前書外戚傳也懼左右不敢使乃令慶私從千乘王求夜獨內之又令慶傳語中常侍

鄭衆求索故事（謂文帝誅薄昭武帝誅竇嬰故事）及大將軍竇憲誅慶出居邸賜奴婢三百人輿馬錢帛帷帳珍寶玩好充物其第又賜中傅以下至左右錢帛各有差（前書音義曰中傅宦名也）慶多被病或時不安帝朝夕問訊進膳藥所以垂意甚備慶小心恭孝自以廢黜尤畏事慎法每朝謁陵廟常夜分嚴裝衣冠待明（夜半也）約勑官屬不得與諸王車騎競驅常以貴人葬禮有闕每竊感恨至四節伏臘輒祭於私室竇氏誅後始使乳母於城北遥祠及竇太后崩慶求上冢致哀帝許之詔太官四時給祭具慶垂涕曰生雖不獲供養終得奉祭祀私願足矣欲求作祠堂恐有自同恭懷梁后之嫌遂不敢言（恭懷梁后和帝母梁貴人）常泣向左右以爲沒齒之恨（沒終齒年也）後上言外祖母王年老遭憂病下土無醫藥願乞詣洛陽療疾於是詔宋氏悉歸京師除慶舅衍俊蓋暹等皆爲郎十五年有司以日食陰盛奏遣諸王侯就國詔曰甲子之

異責由入諸王幼稚早離顧復弱冠相育（詩小雅曰父兮生我母兮鞠我顧我復我出入腹我）常有蓼莪凱風之哀（詩小雅曰蓼蓼者莪匪莪伊蒿哀哀父母生我劬勞詩國風曰凱風自南吹彼棘心棘心夭夭母氏劬勞）選懦之恩知非國典且復須留（選懦仁弱慈戀不決之意也懦音仁兖反東觀記須留作宿留）至冬從祠章陵詔假諸王羽林騎各四十人後中傅衛訢私爲臧盜千餘萬詔使案理之并責慶不舉之狀慶曰訢以師傅之尊選自聖朝臣愚唯知言從事聽不甚有所糾察帝嘉其對悉以訢臧財賜慶及帝崩慶號泣前殿嘔血數升因以發病明年諸王就國鄧太后特聽清河王置中尉內史賜什物皆取乘輿上御以宋衍等並爲清河中大夫（續漢書曰中大夫秩六百石無員掌奉王使至京師）慶到國下令寡人生於深宮長於朝廷（魯哀公與孔子言曰寡人生於深宮之中長於婦人之手事見孫卿子也）仰恃明主垂拱受成（垂拱言無爲也書曰垂拱仰成）尙旣以薄祜早離顧復屬遭大憂（屬近也）悲懷感傷蒙恩大國職惟藩輔新去京師憂心煢煢夙夜屏營未知所立（煢煢孤特也屏營彷徨也）葢聞智不獨理必須明賢今官屬並居爵

任失得是均庶望上遵策戒下免悔咎其糾督非枉明察典禁無令孤獲怠慢之罪焉鄧太后召殤帝襁抱遠慮不虞襁以繒帛爲之卽今之小兒繃也繃音必衡反留慶長子祜與嫡母耿姬居清河邸至秋帝崩立祜爲嗣是爲安帝太后使中黄門送耿姬歸國帝所生母左姬字小娥小娥姊字大娥犍爲人也初伯父聖坐妖言伏誅家屬没官二娥數歲入掖庭及長並有才色小娥善史書喜辭賦和帝賜諸王宮人因入清河第慶初聞其美賞傅母以求之及後幸愛極盛姬妾莫比姊妹皆卒葬于京師慶立凡二十五年乃歸國其年病篤謂宋衍等曰清河埤薄埤音婢欲乞骸骨於貴人冢傍下棺而已朝廷大恩猶當應有祠室庶母子并食魂靈有所依庇死復何恨乃上書太后曰臣國土下溼願乞骸骨下從貴人於樊濯雖歿且不朽矣及今口目尚能言視冒昧干請命在呼吸願蒙哀憐遂薨年二十九遣司

空持節與宗正奉弔祭，又使長樂謁者僕射、中謁者二人副護喪事，賜龍旂九旒，虎賁百人，儀比東海恭王。旂有九旒，天子制也。恭王彊葬，贈以殊禮，升龍、旄頭、鸞輅、龍旂、虎賁百人。太后使掖庭丞送左姬喪，與王合葬廣丘。子愍王虎威嗣。永初元年，太后封宋衍爲盛鄉侯，分清河爲二國，封慶少子常保爲廣川王。子女十一人皆爲鄉公主，食邑奉。明年，常保薨，無子，國除。虎威立三年薨，亦無子。鄧太后復立樂安王寵子延平爲清河王，是爲恭王。寵即千乘王伉之子。太后崩，有司上言：「清河孝王至德淳懿，載育明聖，承天奉祚，爲郊廟主。漢興，高皇帝尊父爲太上皇，宣帝號父爲皇考，宣帝父諱進，武帝時號史皇孫，坐戾太子事遇害。帝即位，追尊皇考，立廟。序昭穆，置園邑。太宗之義，舊章不忘。太宗謂繼嗣也。左傳季桓子曰「舊章不可忘也」。宜上尊號曰孝德皇，皇妣左氏曰孝德后，孝德皇母宋貴人追謚曰敬隱后。」乃告祠高廟，使司徒持節與大鴻臚奉策書璽綬清河，追上尊號；又遣中常侍奉太牢祠典，護禮儀侍中劉珍等及宗室列侯皆往會事尊陵曰甘陵廟曰昭廟置令丞設兵車周衛比章陵（皇考南頓君陵）復吕廣川益清河國尊耿姬爲甘陵大貴人又封女弟侍男爲涅陽長公主別得爲舞陰長公主久長爲濮陽長公主直得爲平氏長公主餘七子並早卒故不及進爵追贈敬隱后女弟小貴人印綬追封謚宋揚爲當陽穆侯（當陽今荆州也）揚四子皆爲列侯食邑各五千戶宋氏爲卿校侍中大夫謁者郎吏十餘人孝德后異母弟次及達生二人諸子九人皆爲清河國郎中耿貴人者牟平侯舒之孫也貴人兄寶襲封牟平侯帝吕寶嫡舅寵遇甚渥位至大將軍事已見耿舒傳立三十五年薨子蒜嗣沖帝崩徵蒜詣京師將議爲嗣會大將軍梁冀與梁太后立質帝罷歸國蒜爲人嚴重動止有度朝臣太尉李固等莫不歸心焉初中常侍曹騰謁蒜蒜不爲禮宦者由此惡之及帝崩公卿皆正議立蒜而曹

騰說梁冀不聽遂立桓帝語在李固傳蒜由此得罪建和元年甘陵人劉文與南郡妖賊劉鮪交通訛言淸河王當統天下欲共立蒜事發覺文等遂劫淸河相謝暠將至王宮司馬門（帝紀謝作射蓋紀傳不同）曰當立王爲天子暠爲公暠不聽罵之文因刺殺暠於是捕文鮪誅之有司因劾奏蒜坐貶爵爲尉氏侯徙桂陽自殺立三年國絕梁冀惡淸河名明年乃改爲甘陵梁太后立安平孝王子經侯理爲甘陵王（安平王德河間王開子）奉孝德皇祀是爲威王理立二十五年薨子貞王定嗣定立四年薨子獻王忠嗣黃巾賊起忠爲國人所執旣而釋之靈帝以親親故詔復忠國忠立十三年薨嗣子爲黃巾所害建安十一年以無後國除

濟北惠王壽母申貴人潁川人也世吏二千石貴人年十三入掖庭壽以永元二年封分太山郡爲國和帝遵肅宗故事兄弟皆留

京師恩寵篤密有司請遣諸王歸藩不忍許之及帝崩乃就國永初元年鄧太后封壽舅申轉爲新亭侯壽立三十一年薨自永初已後戎狄叛亂國用不足始封王薨減賻錢爲千萬布萬匹嗣王薨賻錢五百萬布五千匹時唯壽最尊親特賻錢三千萬布三萬匹子節王登嗣永寧元年封登弟五人爲鄉侯皆別食太山邑登立十五年薨子哀王多嗣多立三年薨無子永和四年立戰鄉侯安國爲濟北王是爲釐王釐音僖也安國立十年薨子孝王次嗣本初元年封次弟猛爲亭侯次九歲喪父至孝建和元年梁太后下詔曰濟北王次以幼年守藩躬履孝道父沒哀慟焦毀過禮草廬土席衰杖在身頭不枇沐體生瘡腫諒闇已來二十八月自諸國有憂未之聞也朝廷甚嘉焉書不云乎用德章厥善尚書盤庚之辭也言以道德明之使競爲善也詩云孝子不匱永錫爾類詩大雅也匱竭也類善也永長也孝子之行無有匱竭長賜與汝之族類教道天下今增次封五

千戶廣其土宇以慰孝子惻隱之勞次立七年薨子鸞嗣鸞薨子政嗣政薨無子建安十一年國除

河間孝王開以永元二年封分樂成勃海涿郡爲國延平元年就國奉遵法度吏人敬之永寧元年鄧太后封開子翼爲平原王奉懷王勝祀（勝和帝子）子德爲安平王奉樂成王黨祀（黨明帝子也）開立四十二年薨子惠王政嗣政傲很不奉法憲順帝以侍御史吳郡沈景有彊能稱故擢爲河間相景到國謁王王不正服箕踞殿上侍郎贊拜景峙不爲禮（峙立也）問王所在虎賁曰是非王邪景曰王不服常人何別今相謁王豈謁無禮者邪王慙而更服景然後拜出住宮門外請王傅責之曰前發京師陛下見受詔以王不恭使相檢督諸君空受爵祿而無訓導之義因奏治罪詔書讓政而詰責傅景因捕諸姦人上案其罪（上奏上也音市丈反）殺戮尤惡者數十人出冤獄百餘人政

遂爲改節悔過自修陽嘉元年封政弟十三人皆爲亭侯政立十年薨子貞王建嗣建立十年薨子安王利嗣利立二十八年薨子陔嗣陔立四十一年魏受禪以爲崇德侯蠡吾侯翼元初六年鄧太后徵濟北河閒王諸子詣京師奇翼美儀容故以爲平原懷王後焉平原王得無子故立之也留在京師歲餘太后崩安帝乳母王聖與中常侍江京等譖鄧騭兄弟及翼云與中大夫趙王謀圖不軌闚覦神器懷大逆心神器喻帝位也老子曰天下神器不可爲也貶爲都鄉侯遣歸河閒翼於是謝賓客閉門自處永建五年父開上書願分蠡吾縣以封翼順帝從之翼卒子志嗣爲大將軍梁冀所立是爲桓帝梁太后詔追尊河閒孝王爲孝穆皇夫人趙氏曰孝穆后廟曰清廟陵曰樂成陵蠡吾先侯曰孝崇皇廟曰烈廟陵曰博陵皆置令丞使司徒持節奉策書璽綬祠以太牢建和二年更封帝兄都鄉侯碩爲平原王留博陵奉

翼後尊翼夫人馬氏爲孝崇博園貴人㠯涿郡之良鄉故安河閒之鄚吾三縣爲湯沐邑頑嗜酒多過失帝令馬貴人領王家事建安十一年國除解瀆亭侯淑㠯河閒孝王子封淑卒子長嗣長卒子宏嗣爲大將軍竇武所立是爲靈帝建寧元年竇太后詔追尊皇祖淑爲孝元皇夫人夏氏曰孝元后陵曰敦陵廟曰靖廟皇考長爲孝仁皇夫人董氏爲愼園貴人陵曰愼陵廟曰奐廟皆置令丞使司徒持節之河閒奉策書璽綬祠㠯太牢常㠯歲時遣中常侍持節之河閒奉祠熹平三年使使拜河閒安王利子康爲濟南王奉孝仁皇祀康薨子贇嗣建安十二年爲黃巾賊所害子閎嗣立十三年魏受禪㠯爲崇德侯

城陽懷王淑㠯永元二年分濟陰爲國立五年薨葬於京師無子國除還并濟陰

廣宗殤王萬歲以永元五年封分鉅鹿爲國其年薨葬於京師無子國除還并鉅鹿

平原懷王勝和帝長子也不載母氏少有痼疾延平元年封立八年薨葬于京師無子鄧太后立樂安夷王寵子得爲平原王奉勝後是爲哀王得立六年薨無子永寧元年太后又立河間王開子都鄉侯翼爲平原王嗣安帝廢之國除

論曰傳稱吳子夷昧甚德而度有吳國者必其子孫夷昧吳君之名左傳屈狐庸謂趙文子曰若天所啓其在今嗣君乎甚德而度德不失人度不失事有吳國者必此君之子孫也杜預注曰嗣君謂夷昧也章帝長者事從敦厚繼祀漢室咸其苗裔古人之言信哉

贊曰章祚不已本枝流祉質惟伉孫安亦慶子河間多福桓靈承祀濟北無驕皇恩寵饒平原抱痼三王薨朝平春王全廣宗王萬歲城陽王淑並薨於京師也振振子孫或秀或苗振振仁厚貌也音之人反詩國風曰宜爾子孫振振兮論語曰苗而不秀者有矣夫秀而不實者有矣夫苗謂早夭秀謂成長也

章帝八王傳第四十五

後漢書五十五

傳古樓景印